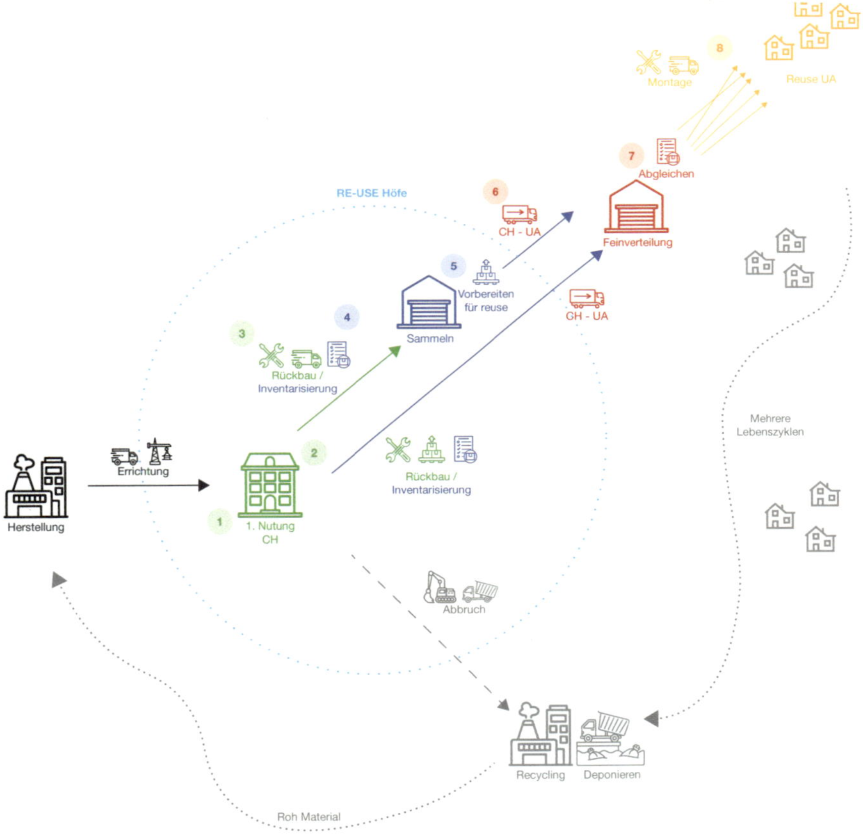

DIESE DOKUMENTATION WURDE ANLÄSSLICH DES CBI – CIRCULAR BUILDING INDUSTRY BOOSTERS ERSTELLT. SIE BAUT AUF DEN ERFAHRUNGEN VON RE-WIN UND DER INITIATIVE „WINDOWS FOR UKRAINE" AUF UND HÄLT DIE ERKENNTNISSE UND FORTSCHRITTE DES PROJEKTS RE-USE HÖFE FEST.

IMPRESSUM

Konzept und Redaktion
Barbara Buser, Félix Dillmann, Michelle Schneider

Fotografie
NGO Metalab, Oleksandr Demianiv, Verein RE-WIN, Uwe Schnetgöke, Wick Upcycling,

Grafiken
Félix Dillmann, Michelle Schneider, g.A.

Unterstützt von
Innovations Booster, Innosuisse

RE-USE Höfe - Zirkuläre Lieferketten anhand der Fensterwiederverwendung

Verlag: BoD · Books on Demand GmbH, In de Tarpen 42, 22848 Norderstedt, bod@bod.ch
Druck: Libri Plureos GmbH, Friedensallee 273, 22763 Hamburg

ISBN: 978-3-7693-5431-7

INHALT

0 EINLEITUNG

RE-WIN ist ein gemeinnütziger Verein, gegründet von Fachleuten aus der Baubranche und aus angrenzenden Disziplinen. Der Verein entwickelt neue Denkräume und transdisziplinäre Praktiken, die Alternativen zum systematischen Verschrotten von Bauteilen aufzeigen. RE-WIN zeigt, wie auf kosteneffiziente Weise ökologisches mit sozialem Engagement kombiniert werden kann. Hierfür entwickelt der Verein Strategien und eröffnet alternative Perspektiven in der humanitären Nothilfe und im Wiederaufbau in Krisengebieten wie der Ukraine. Dabei fördert RE-WIN zirkuläre Prozesse in der lokalen sowie der globalen Baubranche.

Vereinsziele:
- Reuse als Teil der Wiederaufbaustrategie in Krisengebieten etablieren
- Materialkreisläufe schliessen, um bis 2050 bauabfallfrei zu werden
- Kultur der Sorgsamkeit im Umgang mit den Ressourcen unseres Planeten fördern
- Die Umwelt an sich und die darin enthaltene Biodiversität erhalten

Mit der Initiative 'Fenster für die Ukraine' rettet der Verein RE-WIN gebrauchte, aber gut erhaltene Fenster vor der Verschrottung und gibt ihnen in der Ukraine, wo sie dringend benötigt werden, ein zweites Leben.

Der Verein betreibt dafür schweizweit derzeit fünf Sammellager und gemeinsam mit den Partnerorganisationen in der Ukraine Verteillager in mehreren grösseren frontnahen Städten. Die Initiative ermöglicht es, in der Schweiz und in Liechtenstein Fenster im grösseren Ausmass zu sammeln. Dabei entwickelt der Verein die Prozesse für Rückbau, Sammlung und Vorbereitung stetig weiter und arbeitet systematische Strategien zur Förderung von zirkulären Lieferketten und Materialnetzwerken aus.

Die Erfahrungen aus der Initiative «Fenster für die Ukraine» zeigen, dass ein Sammel-Verteillager, im Folgenden «RE-USE Hof» genannt, für die Materialsammlung, Inventarisierung, Prüfung und Aufbereitung unverzichtbar ist.

Da Bauprozesse langsam fortschreiten und oft lange dauern, werden Materialien monatelang im Voraus ausgewählt. Ein RE-USE Hof kann Rückbau- und Einbaubaustellen verbinden und den Zeitraum zwischen den Nutzungsphasen überbrücken. Dies macht Second-Life-Materialien für die Industrie attraktiver, da die Verfügbarkeit und Planbarkeit gefördert werden, wodurch wiederum die Einsatz- bzw. Verkaufswahrscheinlichkeit steigt.

Die neue Initiative RE-USE Hof kann auf nationaler und internationaler Erfahrung aufbauen: Zum einen sind Bauteilbörsen[1] für die Bauteilwiederverwendung hierzulande seit Langem unverzichtbar und Firmen wie Zirkular[2], Sumami und weitere agieren als Bauteilvermittlerin. Zum anderen entwickeln Rotor DC[3] in Brüssel und Concular[4] in Berlin so genannte Reuse Centers bzw. Urban Mining Hubs , also Flächen für die Sammlung und Aufbereitung gesammelter Materialien.

Darauf aufbauend möchten wir wiederverwendbare Materialien nicht selbst sammeln oder verkaufen, sondern zirkuläre Lieferketten aufbauen, welche die aktuell aktiven Akteure der Linearwirtschaft einbeziehen, um Skalierbarkeit zu erzielen. Im Rahmen der Initiative RE-USE Hof setzen wir uns also gemeinsam mit einem bestehenden Recyclingunternehmer für die professionelle Wiederverwendung von Baumaterialien ein. Angelegt als Blueprint Initiative wird ein skalierbares Model getestet, das auf andere Regionen und Akteure übertragbar ist.

Die vorliegende Publikation beschreibt anhand konkreter Beispiele aus der Fensterwiederverwendung die zentrale Rolle, welche RE-USE Höfe in der Kreislaufwirtschaft einnehmen können, ebenso wie die verschiedenen Schritte, welche nötig sind, um zirkuläre Lieferketten in der Schweiz zu ermöglichen. Am Beispiel unserer Zusammenarbeit mit Stalder Tiefbau wird die logistische Zusammenarbeit zwischen RE-USE Höfen und Abbruchunternehmen exemplarisch beschrieben.

1 www.cirkla.ch
2 www.zirkular.net
3 www.rotordb.org (https://rotordb.org/en/projects/me-chanics-rejuvenation-iqd-56-sept-2019)
4 www.concular.de (https://concular.de/urban-mining-hub/)

1 STATUS QUO

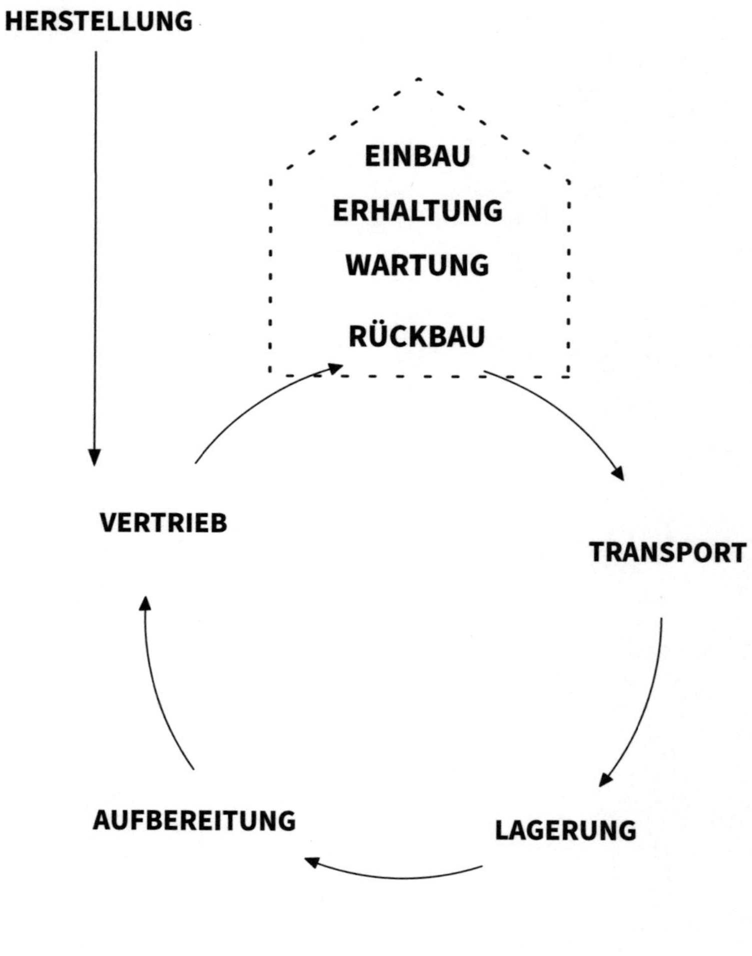

HERSTELLUNG
EINBAU
ERHALTUNG
WARTUNG
RÜCKBAU
VERTRIEB
TRANSPORT
AUFBEREITUNG
LAGERUNG

KREISLAUFWIRTSCHAFT UND ZIRKULÄRE LIEFERKETTEN

Kreislaufwirtschaft: ein Wirtschaftsmodell, das unter anderem auf Teilen, Leasing, Wiederverwendung, Reparatur, Aufarbeitung und Recycling in einem (fast) geschlossenen Kreislauf beruht und darauf abzielt, jederzeit den höchsten Nutzen und Wert aus Produkten, Komponenten und Materialien zu erzielen

Akteurenverantwortung: In der Schweiz ist der Second-Hand-Markt aktuell ein Nischenmarkt. Bei Entwicklung einer Kreislaufwirtschaft ist es die Aufgabe jedes Akteurs, seine Rolle zu hinterfragen und auf zirkuläre Wirtschaftsmodelle umzustellen.

Erweiterte Herstellerverantwortung: ein umweltpolitischer Ansatz, bei dem die Hersteller die finanzielle und/oder organisatorische Verantwortung für die Sammlung oder Rücknahme gebrauchter Güter übernehmen, ebenso für die Sortierung und Behandlung für deren Recycling.»[1]

Verantwortung der Politik: In der Verantwortung der Politik liegt es, die nötigen Anreize zu setzen, um zirkuläre Wirtschaftsmodelle attraktiv zu machen. Dafür muss definiert werden, welche Anreize effektiv und angemessen sind.

«DURCH DIE ENTWICKLUNG EINER STRATEGIE FÜR DIE DEMONTAGE UND DIE WIEDERVERWENDUNG EIGENER PRODUKTE BEREITEN SICH HERSTELLER AUF EIN ZUKUNFTSORIENTIERTES GESCHÄFTSMODELL VOR UND SICHERN SICH EINEN WETTBEWERBSVORTEIL.»[2]

CATHERINE DE WOLF - PROF. CEA LAB ETH

1   European Parliamentary Research Service EPRS (Hrsg.), Didier Bourguignon, «Glossary» in: Briefing January 2016. Closing the loop, New circular economy package, S. 2, [Übersetzung d. Autoren], online unter: https://www.europarl.europa.eu/RegData/etudes/BRIE/2016/573899/EPRS_BRI(2016)573899_EN.pdf (Stand 8.8.2022).
2   Catherine de Wolf. Interviewt von Barbara Buser, Félix Dillmann, Sophie Nussbaumer, Lina von Waldkirch und Oliver Zbinden am 8.12.2021 [Übersetzt von Félix Dillmann].

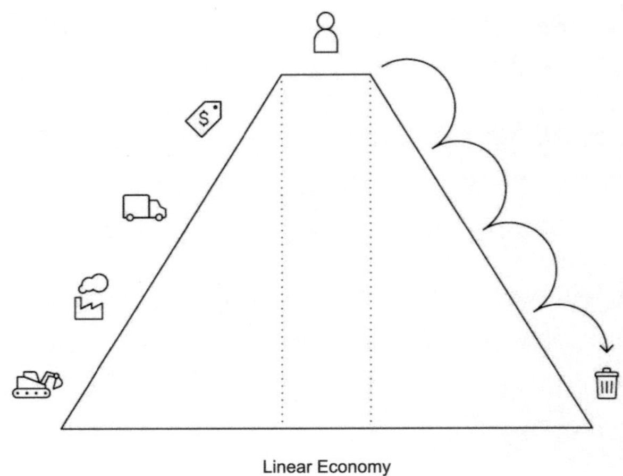

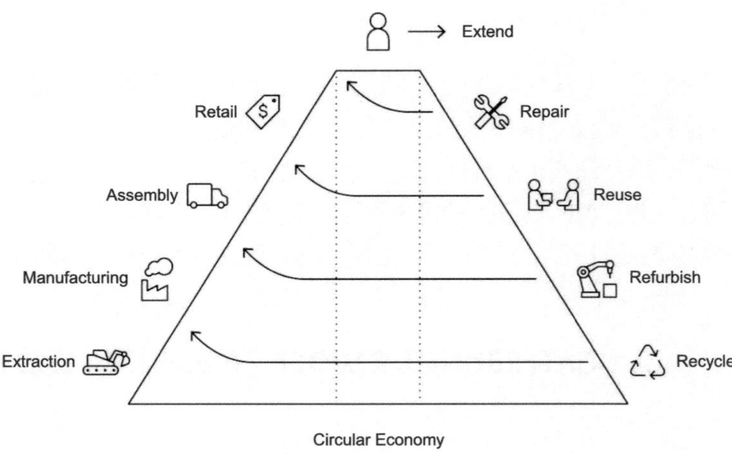

Grafik: Studio Elk

Es ist absehbar, dass in naher Zukunft in der Schweiz einschneidende, verantwortungsvolle Massnahmen gegen den hohen CO_2-Ausstoss getroffen werden, die auch die graue Energie von Baumaterialien betreffen. Eine CO_2-Steuer wird den Preis von Materialien, in denen viel graue Energie steckt, erhöhen. Eine Netto-null-Strategie wird zusätzlich starken Druck auf Produzenten solcher Materialien ausüben. Langfristig ist es daher sinnvoll, den Re-Use-Prozess in die Firmenstruktur und das Businessmodel zu implementieren und kreislaufgerechte Materialnetzwerke aufzubauen.

In diesem Sinne soll der Kreislauf von Wiederverwendung, verantwortungsvoller Wartung und professionellem Rückbau über kompetente Aufbereitung bis zu zielorientiertem Vertrieb ganzheitlich betrachtet und gegebenenfalls durch zielführende Vertragsverhältnisse und Kooperationen gestaltet werden.[1]

Value-Hill

Von der Herstellung zum Verkauf steigt der Wert eines Produkts stetig an. Sobald es vom Endverbraucher gekauft worden ist, erreicht das Produkt seinen höchsten Wert. Wenn die Nutzbarkeit des Produkts jedoch nachlässt, nimmt der Wert des Produkts ab. Traditionell bestimmt der Kernnutzen die Lebensspanne eines Produkts und damit auch seinen Wert. Werterhaltende Massnahmen während der Nutzungsphase können den Wertverlust entschleunigen, nach der Nutzungsphase kann durch wertsteigernde Massnahmen der Wert aber auch wieder aufgebaut werden.[2]

1 Circular Economy Switzerland (Hrsg.), «Wissen: Was ist Kreislaufwirtschaft», https://circular-economy-switzerland.ch/wissen/ (Stand 8.8.2022)
2 https://inchainge.com/knowledge/sustainability/the-value-hill-circular-economy/ (Stand 22.11.24)

RE-WIN UND WINDOWS FOR UKRAINE

In der Ukraine werden täglich tausende Fenster durch Druckwellen zerstört. Gleichzeitig landen in der Schweiz täglich tausende intakte Fenster im Müll. Die Initiative «Fenster für die Ukraine» wurde anlässlich des Kriegsbeginns in der Ukraine gegründet, als durch Bombeneinschläge tausende Fenster beschädigt und zerstört wurden. Der Schweizer Überfluss wurde dadurch mit einer Notsituation verknüpft, um effektive humanitäre Nothilfe mit Nachhaltigkeitsstrategien zu vereinen.

Dafür werden intakte, mindestens doppel- oder sogar dreifach verglaste Isolierglas-Fenster inkl. Rahmen in üblichen Massen gesammelt. Dies erlaubt es den betroffenen Familien in der Ukraine, die Fenster selbstständig wieder einzubauen.

Kleinere Fensterspenden werden in den Sammellagern gesammelt. Dorthin werden sie von den Spendenden, Fensterbauer:innen oder Abbruchunternehmern geliefert. In den Lagern werden sie durch Freiwillige des Vereins RE-WIN sortiert, geprüft und für den Transport vorbereitet. Grössere Fensterpositionen werden direkt auf der Baustelle vorbereitet und mit dem Sattelschlepper in das Verteillager in der Ukraine geliefert. Sie umgehen das Sammellager.

In der Ukraine werden die Fenster von unseren Partnerorganisationen im Detail gemessen und deren neue Bestimmung mit empfangenden Parteien abgeglichen. Dafür klären die lokalen NPOs den Bedarf an spezifischen Fenstern ab und ordnen die verfügbaren Fenster den Betroffenen zu. Mit einem Montageteam werden die Fenster am Zielort eingebaut und, wenn nötig, mit Rahmenverbreiterungen oder Öffnungserweiterungen eingepasst.

Bis Januar 2025 hat RE-WIN auf diese Weise 6338 Fenster zurückgebaut und zur Wiederverwendung in die Ukraine vermittelt.

RE-WIN

Zirkularität in der Architektur

RE-WIN ist ein gemeinnütziger Verein, gegründet von Fachleuten aus der Baubranche und aus angrenzenden Disziplinen. Der Verein entwickelt neue Denkräume und transdisziplinäre Praktiken, die Alternativen zum systematischen Verschrotten von Bauteilen aufzeigen. RE-WIN zeigt, wie auf kosteneffiziente Weise ökologisches mit sozialem Engagement kombiniert werden kann. Hierfür entwickelt der Verein Strategien und eröffnet alternative Perspektiven in der humanitären Nothilfe und im Wiederaufbau in Krisengebieten wie der Ukraine. Dabei fördert RE-WIN zirkuläre Prozesse in der lokalen sowie der globalen Baubranche.

Vereinsziele:
- Reuse als Teil der Wiederaufbaustrategie in Krisengebieten etablieren
- Materialkreisläufe schliessen, um bis 2050 bauabfallfrei zu werden
- Kultur der Sorgsamkeit im Umgang mit den Ressourcen unseres Planeten fördern
- Die Umwelt an sich und die darin enthaltene Biodiversität erhalten

Fenster für die Ukraine

WARUM:
In der Ukraine werden täglich tausende Fenster zerstört, während in der Schweiz täglich tausende Fenster im Müll landen. Viele dieser Fenster sind noch in gutem Zustand. Vor dem Krieg importierte die Ukraine viele Fenster aus Russland. Diese Lieferkette ist nun unterbrochen. Zudem ist die lokale Industrie beschädigt und kann kaum noch Fenster produzieren.

1 zurückgewonnenes Fenster in der CH/FL und wiederverwendet in der Ukraine bedeutet:

+ 1 bewohnbarer Raum
in der kriegsbeschädigten Ukraine

+ sozial

~ 91% CO_2 Einsparung
verglichen mit einem neuen Fenster

-91%

+ ökologisch

~ 80% Kosteneinsparung
verglichen mit einem neuen Fenster in der UA

-80%

+ kosteneffizient

WAS:
Mit der Initiative 'Fenster für die Ukraine' rettet der Verein RE-WIN gebrauchte, aber noch gut erhaltene Fenster vor der Verschrottung und gibt ihnen in der Ukraine ein zweites Leben, wo sie dringend benötigt werden. Dafür werden intakte mindestens doppel- oder sogar dreifach verglaste Isolierglas-Fenster inkl. Rahmen in üblichen Massen gesammelt. Dies erlaubt es den betroffenen Familien in der Ukraine, die Fenster selbstständig wieder einzubauen.

Lieferung
durch private Fensterspender

Sammellager
> Kleinspenden
> sammeln, prüfen, vorbereiten
> Transport in die Ukraine

Projekte
> Grossspenden (80 Fenster und mehr)
> sammeln, prüfen, verpacken auf der Baustelle
> Transport direkt von der Baustelle in die Ukraine

Transport UA

Partner NGOs Ukraine

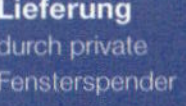

Angels of Salvation
Dnipro

Dobrobat
Kharkiv

Proactive Generation
Kyiv

co-Haty
Ivano-Frankiwsk

Verteillager Ukraine
> Matching
> Transport zur Einbaustelle
> Dokumentation

Verein RE-WIN
Zirkularität in der Architektur

www.re-win.ch / info@re-win.ch
Solothurnerstrasse 51, 4053 Basel
Konto: CH33 0900 0000 1589 2668 0

SRF Regionaljournal
03.01.2023

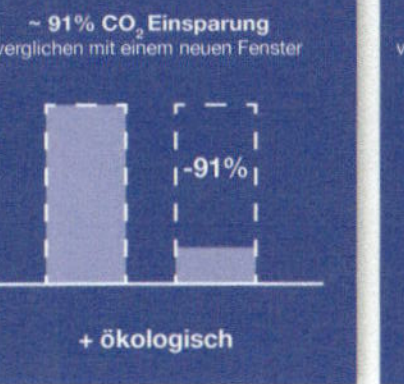
SRF Tagesschau
17.12.2022

TeleBärn
26.04.2023

Bild: Proactive Generation

Bild: Proactive Generation

Bild: Proactive Generation

BEST PRACTICE

Fassade

Die vor der Entsorgung geretteten, voll funktionsfähigen Fenster werden in der Ukraine dringend benötigt und dort in der Fassade betroffener Gebäude verbaut. Unter dem Ansatz des „pragmatischen Konstruktivismus" entwickelten die Empfänger:innen schnell praktische Lösungen, um Fenster an bestehende Öffnungen anzupassen – oder umgekehrt. Durch den Abgleich grosser Mengen verfügbarer Fenster mit hohem Bedarf vor Ort finden die meisten Fenster eine passende Verwendung. Falls nötig, werden einfache bauliche Anpassungen wie Rahmenverbreiterungen oder das Anpassen von Maueröffnungen vorgenommen. Toleranzen von wenigen Zentimetern werden i.d.R. mit Bauschaum ausgeglichen. Dafür orientieren sich die Montageteams an der Norm DSTU-N B V.2.6-146:2010.

Trotz der akuten humanitären Notsituation ist eine baulich sorgfältige Montage erforderlich, um Folgeschäden zu vermeiden. Bereinigungen und ästhetische Anpassungen können nach Ende der akuten Phase in einem zweiten Schritt vorgenommen werden, sodass die hochwertigen Fenster die Basis für eine dauerhafte bauliche Aufwertung darstellen. Eine grosse Herausforderung des Fassadeneinsatzes besteht dabei in der Abstimmung der Dämmwerte auf die übrige Fassade: Die häufig un- oder schlecht gedämmten Fassaden werden mit den hochwertigeren Isolierverglasungen geschlossen. Um Schimmelbildung zu verhindern, müssen Empfänger:innen für das angepasste Lüftungsverhalten sensibilisiert werden.

Bild: Oleksandr Demianiv

Innenraum

In Zusammenarbeit mit der NPO METALAB in Ivano-Frankivsk hat sich „Reuse Across Borders" zu einer zukunftsweisenden humanitären Hilfsaktion entwickelt, die als Vorbild für die westliche Baukultur dienen kann: Im Rahmen einer aussergewöhnlichen Rettungsaktion wurden 300 hochwertige, acht Jahre alte 3-fach-Isolierverglasungen von der Baustelle und aus der Abfallmulde gerettet. Da die Aluminiumeinfassungen der Fenstergläser teilweise stark beschädigt und unbrauchbar waren und eine Neufertigung der Rahmen nicht sinnvoll schien, wurden die Gläser gemeinsam mit intern geflüchteten Ukrainer:innen ausgebaut und in Trennwänden und Verglasungen transformierter Areale für Flüchtlingsunterkünfte verwendet.

Durch den partizipativen Ansatz sind die integrierten IDPs („Internally Displaced People") inzwischen zu einem festen Bestandteil der NPO METALAB und der lokalen Community geworden. Das verfügbare Material wurde durch kreativen und zirkulären Umgang mit limitierten Ressourcen zum sozialen Katalysator.

"NIEMAND DENKT MEHR ÜBER SIE ALS IDPs."
ANNA DOBROVA - GRÜNDERIN METALAB

Bild: RE-WIN

Bild: RE-WIN

Oleksandr Demianiv

1.4 ERNTEGUT FENSTER

1.4.1 GESCHICHTE UND VORKOMMEN

Fenster gab es bereits in der Bronze- und Eisenzeit. Damals wurden in Öl getränkte Tierhäute bespannt. Ursprünglich als Pergament oder Schreibmaterial gedacht, entdeckte man ihre wasserdichten und lichtdurchlässigen Eigenschaften, weshalb sie auch für Lampen und Fenster verwendet wurden. Die alten Ägypter hingegen verwendeten dünne Alabasterscheiben für den Bau von Fenstern.

Ab etwa 200 n. Chr. verwendeten die Römer Glas, dieses war aber sehr teuer und für den Grossteil der Bevölkerung unerschwinglich. Reiche Haushalte konnten sich Glasfenster leisten, während andere auf Alternativen wie Atrien zurückgriffen, um Licht in die Innenräume zu leiten. In kälteren Regionen wurden weiter Tierhäute, Pergament oder Leinenstoffe verwendet. Auch Fensterläden aus Holz schützten vor Kälte und Wind.

Erste Techniken der Glasherstellung

Bis ins 20. Jahrhundert gab es nur zwei Methoden, um Glas für Fenster herzustellen: Entweder wurde Zylinderglas hergestellt und anschliessend flach gewalzt oder das Glas wurde gegossen und daraufhin mühsam poliert und geschliffen. Letzteres Verfahren führte zu einem Glas, das optisch mit dem heutigen Fensterglas vergleichbar, aber wesentlich teurer war.

Grosse Glasformate waren schwer herzustellen, daher wurden kleinere Glasscheiben in Gitter eingelegt (z.B. bei Sprossenfenstern oder Bleiglasfenstern).

Bis in die 1820er Jahre wurde Einfachglas verwendet, danach setzte sich allmählich die Doppelverglasung durch.

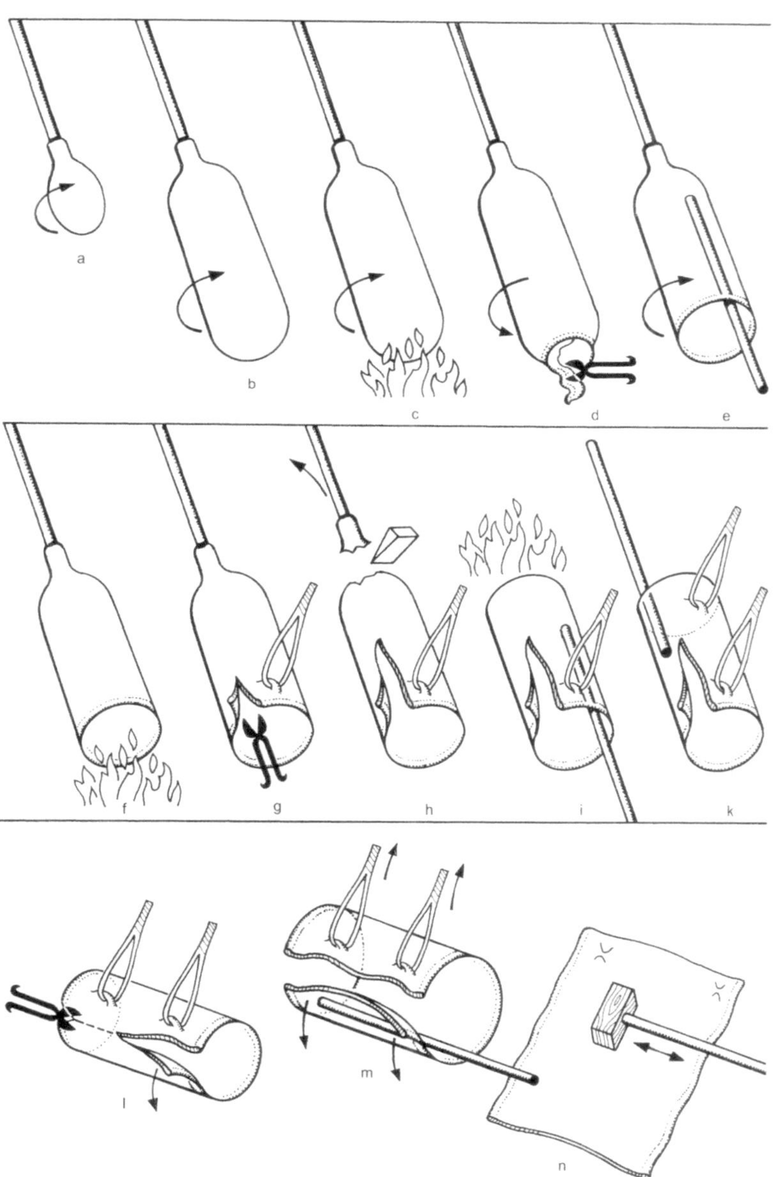

Rekonstruktion des Produktionsprozesses zur Herstellung von Tafelglas im Zylinderverfahren in mittelalterlichen Glashütten.
Flachglas - historisches-museum-hellental.de. (s. d.).
https://historisches-museum-hellental.de/herstellung-von-flachglas-tafelglas.html
 (Stand 22.11.24)

Entwicklung des Isolierglases

Im 19. Jahrhundert konnten grosse Fortschritte in der Glasherstellung erzielt werden: Neue Glasbeschichtungen wurden entwickelt, Füllungen mit Kryptongas erprobt und das Isolierglas wurde erfunden. Die Forschungen dazu begannen bereits in den 1860er Jahren. Im Jahr 1865 wurde das erste Patent für eine Doppelverglasung mit Randversiegelung angemeldet, das jedoch über siebzig Jahre lang keinen wirklichen Erfolg brachte. Materialien wie Kitt, Filz oder Kork wurden für die Randabdichtung verwendet, waren aber nicht ausreichend luftdicht, was zu Kondensation führte. Es wurde sogar versucht, die Glaskanten zu verschweissen, um Undichtigkeiten zu vermeiden. Auch dieses Verfahren setzte sich nicht durch, da es sich nur für rechteckige Standardglasformen eignete.

In dieser Zeit wurden hauptsächlich Kasten-, Verbund- oder Doppelscheiben eingesetzt. Der Durchbruch erfolgte 1980, als es gelang, den Randverbund der Gläser zu verschweissen. Dies ermöglichte die Entwicklung von Vakuumisolierglas und später von gasgefülltem Isolierglas.

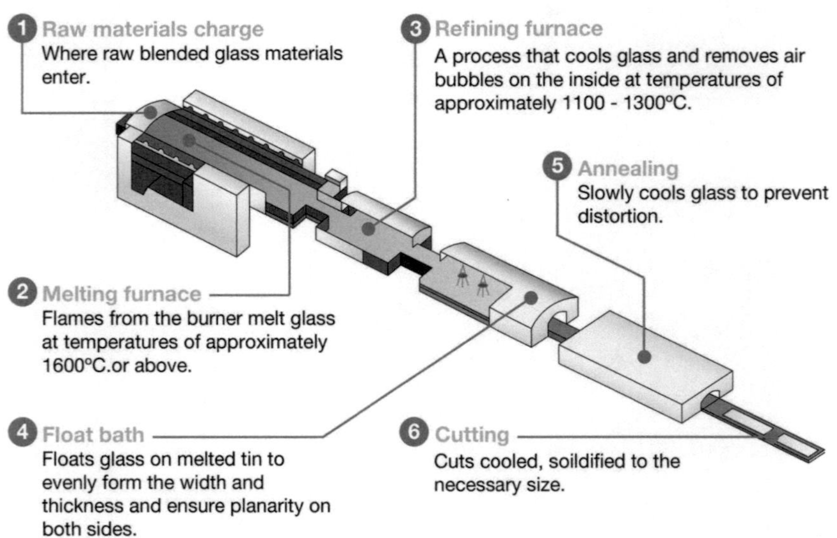

Floatglas Herstellung
Hot hold operations in the flat glass sector. Glass For Europe. https://glassforeurope.com/hot-hold-operations-in-the-flat-glass-sector/ (Stand 11.10.2022).

1.4.2 HERSTELLUNG

Heute stellt das Flachglas, das auch am meisten CO_2 verursacht, die grösste Herausforderung bei der Fensterproduktion dar. Die Herstellung von Flachglas beginnt mit der Auswahl und Aufbereitung der wichtigsten Rohstoffe, zu denen Quarzsand, Soda und Kalkstein gehören. Diese Materialien werden in einem Schmelzofen bei Temperaturen von 1.600 bis 1.700 Grad Celsius zu einer homogenen, von Luftblasen und Verunreinigungen befreiten Glasmasse geschmolzen. Im nächsten Schritt wird die Glasmasse im Floatverfahren auf ein Bad aus geschmolzenem Zinn gegossen, wodurch eine glatte und ebene Oberfläche entsteht. Anschliessend wird das Glas in einem speziellen Ofen, dem Annealing-Ofen, langsam abgekühlt, um Spannungen im Material zu minimieren und die Stabilität zu gewährleisten. Nach dem Abkühlen wird das Flachglas auf die gewünschte Grösse zugeschnitten, gefolgt von verschiedenen Veredelungsprozessen wie Schleifen, Polieren oder Beschichten. Abschliessend wird das fertige Flachglas einer Qualitätskontrolle auf Transparenz, Dicke und Oberflächenfehler unterzogen, bevor es sorgfältig verpackt und an die Kunden oder Verarbeiter versandt wird.

Der Herstellungsprozess von Isolierglas ist hochpräzise und daher ohne Maschinen nicht zu bewerkstelligen: Die meisten Produktionsschritte werden von Maschinen ausgeführt; Menschen sind da, um die Computer zu bedienen, die Prozesse zu kontrollieren und bestimmte Teile zu transportieren. Die verschiedenen Materialien, die das Entweichen von Gas zwischen zwei oder sogar drei Glasscheiben verhindern sollen (Butyl, Thioplast und Silikon), sind alle synthetische Elastomere. Vor dem Hintergrund der erforderlichen Präzision und der Komplexität des Herstellungsprozesses wird deutlich, wie schwierig es ist, die Materialien im Anschluss wieder zu trennen.

Die Herstellung von Isolierglas ist in der Vergangenheit zwar stark optimiert worden, aber es ist offensichtlich, dass dabei kaum darüber nachgedacht wurde, wie das Produkt am Ende seiner Lebensdauer zerlegt werden kann, um die einzelnen Komponenten weiterverwenden zu können.

Video der Isolierglasproduktion
pressglass.com

1.4.3 EIGENSCHAFTEN

Fenstereigenschaften sind entscheidend für die energetische und thermische Leistung eines Gebäudes.

Der U-Wert beschreibt die Wärmedurchlässigkeit: Je niedriger der U-Wert ausfällt, desto besser ist die Isolierung und desto geringer sind die Wärmeverluste.

Der G-Wert gibt an, wie viel Sonnenenergie durch das Fenster in das Gebäude gelangt; höhere Werte ermöglichen eine effizientere Nutzung passiver Wärme.

Die Lichttransmission beschreibt den Anteil an sichtbarem Licht, der durch das Fenster dringt, und beeinflusst die natürliche Beleuchtung im Innenraum.

Neben diesen drei Werten sind auch Schallschutz, Luftdichtheit und Einbruchschutz zentrale Faktoren, um sowohl den Energieverbrauch als auch den Komfort eines Gebäudes zu gewährleisten. Vor der Wiederverwendung von Fenstern in einem Neubau ist es daher wichtig, dass die genannten Eigenschaften überprüft werden. Dadurch wird sichergestellt, dass die Fenster mit den richtigen Eigenschaften an den entsprechenden Stellen eingesetzt werden (zum Beispiel zur Nutzung von Solargewinnen im Süden), um die Bauqualität zu garantieren.

Dieser Prozess kann zeitaufwendig und kostenintensiv sein: In einigen Fällen sind diese Informationen über einen Code im Glasabstandhalter zwar abrufbar, allerdings ist dies bei den meisten Fensterherstellern in der Schweiz nicht der Standard. Eine sinnvolle Einführung einer digitalen Fensterdatenbank für die Schweiz wäre daher die Einführung eines Kennzeichnungssystems, das von allen Herstellern genutzt wird. So ständen auf der Baustelle oder bei Abbrucharbeiten alle wichtigen Fensterinformationen schnell zur Verfügung.

1.4.4 KATEGORISIERUNG

Ein derartiges Kennzeichnungssystem, das die schnelle Grobklassifizierung der eingelagerten Fenster ermöglichen soll, setzt leicht unterscheidbare Kategorien voraus, namentlich

1. die Anzahl der Glasschichten, die einfach zu zählen sind

2. die Glasdicke, die mit der AGC Glas Measurement App präzise gemessen werden kann

3. die Anzahl der Beschichtungen, die ebenfalls in der App angezeigt werden. (Optional lässt sich zur Bestimmung der Beschichtungen auch eine Flammenquelle verwenden, wobei die App den Vorteil einer stabileren Anwendung und einer grösseren Messfläche bietet.)

Diese drei Kategorien haben es RE-WIN in der Vergangenheit ermöglicht, die U-Werte nicht dokumentierter Fenster (bzw. von Fenstern ohne sichtbare Kennzeichnung am Rahmen) abzuschätzen. So konnten wir rasch feststellen, welche Fenster mit U-Werten, die besser als 1.2 W/m²K sind, sich ggf. auch für die lokalen Baugesetze eignen, die eine Obergrenze 1.2 W/m²K setzen.

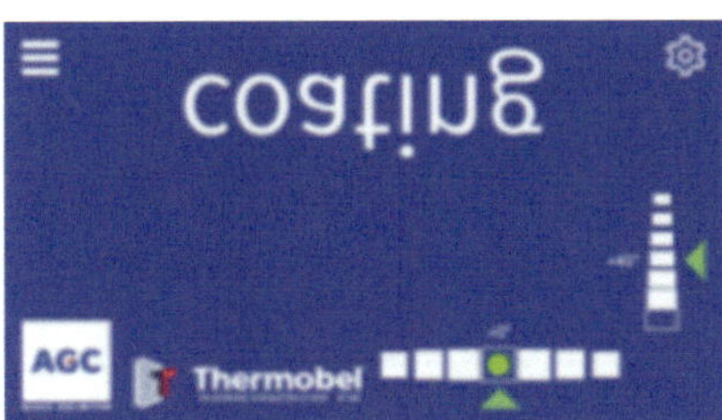

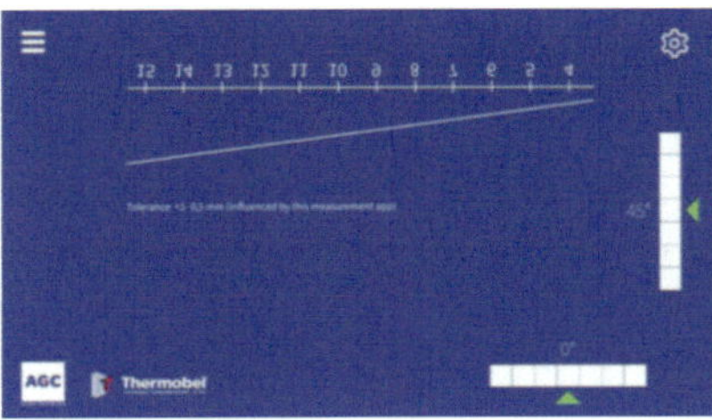

AGC Glass Measurement App.

Fensterkategorien 1 bis 7	Fenstersystem Material	Herstellungsjahr	Glasaufbau	Beschichtungen	U-Wert Glas	G-Wert	U-Wert Rahmen	Dichtungen	Anwendung
Kategorie 1 Iso 3-fach Verglasung	Holz Holz Alu. PVC Verbundprofile gedämmt Metallprofile therm. getr.	Aktuell	z.B. 4 / 15 / 4 / 15 / 4 2 x Argongasfüllung	2	0.4 – 0.7 W/m2K	50%	0.7 – 1.1 W/m2K	2 bis 3	Für alle Anwendungen
Kategorie 2 Iso 3-fach Verglasung	Holz Holz Alu. PVC Verbundprofile gedämmt Metallprofile therm. getr.	Ab ca. 1990	z.B. 4 / 10 / 4 / 10 / 4 ev. 2 x Argongasfüllung	2	0.8 – 1.2 W/m2K	45%	1.1 – 1.9 W/m2K	1 bis 2	Ideal für dauernd beheizte Räume, vom Spital bis zum Wohnraum
Kategorie 3 Iso 3-fach Verglasung	Holz Holz Alu. PVC Verbundprofile gedämmt Metallprofile therm. getr.	Ab ca. 1990	z.B. 4 / 10 / 4 / 10 / 4 ev. Argongasfüllungen	1	1.1 – 1.6 W/m2K	60%	1.3 – 2.1 W/m2K	1 bis 2	Ideal für dauernd beheizte Räume, vom Spital bis zum Wohnraum
Kategorie 4+ Iso 2-fach Verglasung	Holz Holz Alu. PVC Verbundprofile gedämmt Metallprofile therm. getr.	Ab ca. 2010	z.B. 4 / 20 / 4 ev. 1 x Argongasfüllung	1	1.1 – 1.2 W/m2K	62%	1.5 – 1.6 W/m2K	1	Ideal für dauernd beheizte Räume, vom Spital bis zum Wohnraum
Kategorie 4 Iso 2-fach Verglasung	Holz Holz Alu. PVC Verbundprofile gedämmt Metallprofile therm. getr.	Ab ca. 1990	z.B. 4 / 20 / 4 ev. 1 x Argongasfüllung	1	1.2 – 1.8 W/m2K	62%	1.5 – 2.4 W/m2K	1	Ideal für normal beheizte Räume

Fensterkategorien 1 bis 7	Fenstersystem Material	Herstellungsjahr	Glasaufbau	Beschichtungen	U-Wert Glas	G-Wert	U-Wert Rahmen	Dichtungen	Anwendung
Kategorie 5 Iso 3-fach Verglasung	Holz Holz Alu. PVC Verbundprofile gedämmt Metallprofile	Bis ca. 1990	z.B. 4 / 8 / 4 / 8 / 4 ev. Argongasfüllungen	0	1.9 – 2.0 W/m2K	70%	1.9 – 2.5 W/m2K	1	Ideal für teilbeheizte Räu-me. Mit alten Dichtungen nicht winddicht
Kategorie 6 Iso 2-fach Verglasung	Holz Holz Alu. PVC Verbundprofile gedämmt Metallprofile	Bis ca. 1990 teilw. bis 2000	z.B. 4 / 16 / 4 Argongasfüllung selten möglich	0	2.7 – 2.9 W/m2K	75%	2.6 – 3.5 W/m2K	1	Ideal für teilbeheizte Räu-me.. Mit alten Dichtungen nicht winddicht.
Kategorie 7 Doppelverglasung	Holz	Bis ca. 1980	z.B. 3 / 30 / 3	0	2.7 W/m2K	75%	2.6 – 3.5 W/m2K	0	Ideal für teilbeheizte Räume, Fenster nicht winddicht.

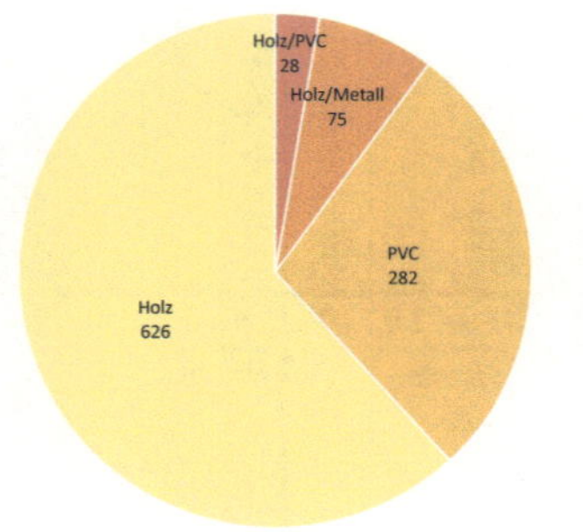

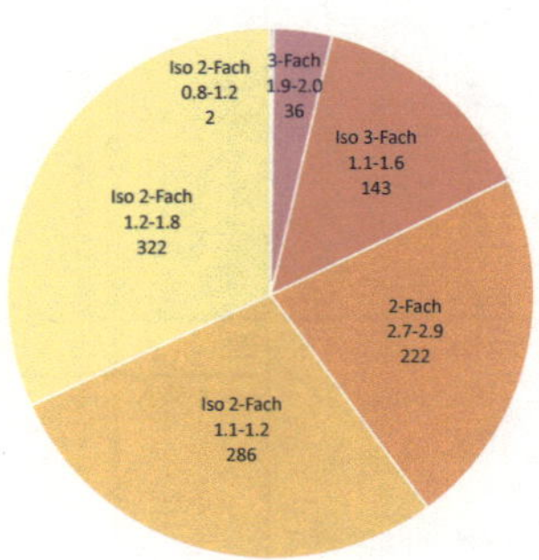

Verteilung nach Materialien   Verteilung nach U-Wert

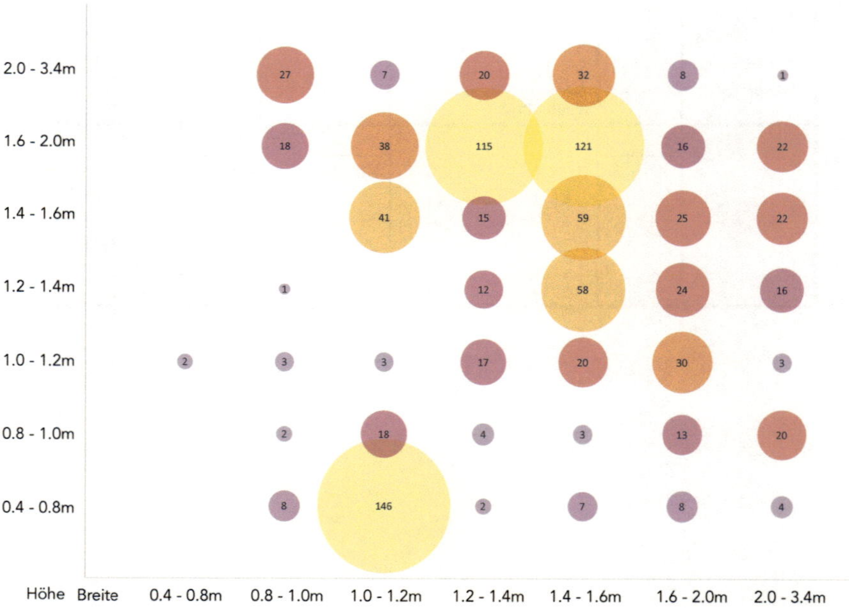

Verteilung nach Grössen

ZHAW Institut Konstruktives Entwerfen, Michelle Schneider.
Basiert auf verschiedenen Datensätzen von RE-WIN

1.4.5 VERFÜGBARKEIT

ZuZur Beurteilung der Verfügbarkeit von Fenstern auf dem Schweizer Markt wurden insgesamt 1011 Fenster untersucht, die über die Lager von RE-WIN in Basel, Bern und Liechtenstein bewegt wurden. Diese Fenster wurden entweder bereits auf Baustellen in die Ukraine geliefert oder befinden sich noch im Lagerbestand. Jedes Fenster wurde hinsichtlich dreier zentraler Parameter analysiert: des Materials, der Grösse (Höhe * Breite) sowie des U-Werts, der die thermischen Isoliereigenschaften beschreibt.

Verteilung nach Materialien

Die untersuchten Fenster bestehen zu 62 % aus Holz (626 Fenster) und zu 28 % aus PVC (282 Fenster). Holz-Metall-Fenster machen 7 % aus, während Holz-PVC-Fenster mit 3 % noch seltener sind. Fenster aus reinem Metall oder PVC-Metall sind bisher gar nicht vertreten.

Verteilung nach U-Werten

Bei der Analyse der U-Werte als Indikator für die Wärmedämmung der Fenster sind Häufungen erkennbar: Am häufigsten sind 2-fach Isolierfenster mit einem U-Wert von 1,2-1,8 verfügbar, sie machen 32 % (322 Fenster) aus. Es folgen 3-fach-Isolierfenster mit einem U-Wert von 1,1-1,2, die 28 % (286 Fenster) ausmachen. Weitere 22 % (222 Fenster) sind 2-fach isolierverglast mit einem U-Wert von 2,7-2,9.

Verteilung nach Grössen

Fenster mit einer Breite von 1,0-1,2 m und einer Höhe von 0,4-0,8 m wurden am häufigsten in unseren Lagern verzeichnet. Allerdings stammen diese Fenster hauptsächlich von einer grossen Baustelle. Aussagekräftiger als diese Zahl ist daher die Häufung von Fenstern mit einer Breite von 1,2-1,4 m oder 1,4-1,6 m und einer Höhe von 1,0-1,2 m, 1,2-1,4 m oder 1,4-1,6 m. Diese entsprechen den Standardmassen, die zwischen den 1920er und 1960er Jahren verwendet wurden und oft später in denselben Grössen ausgetauscht wurden.

.

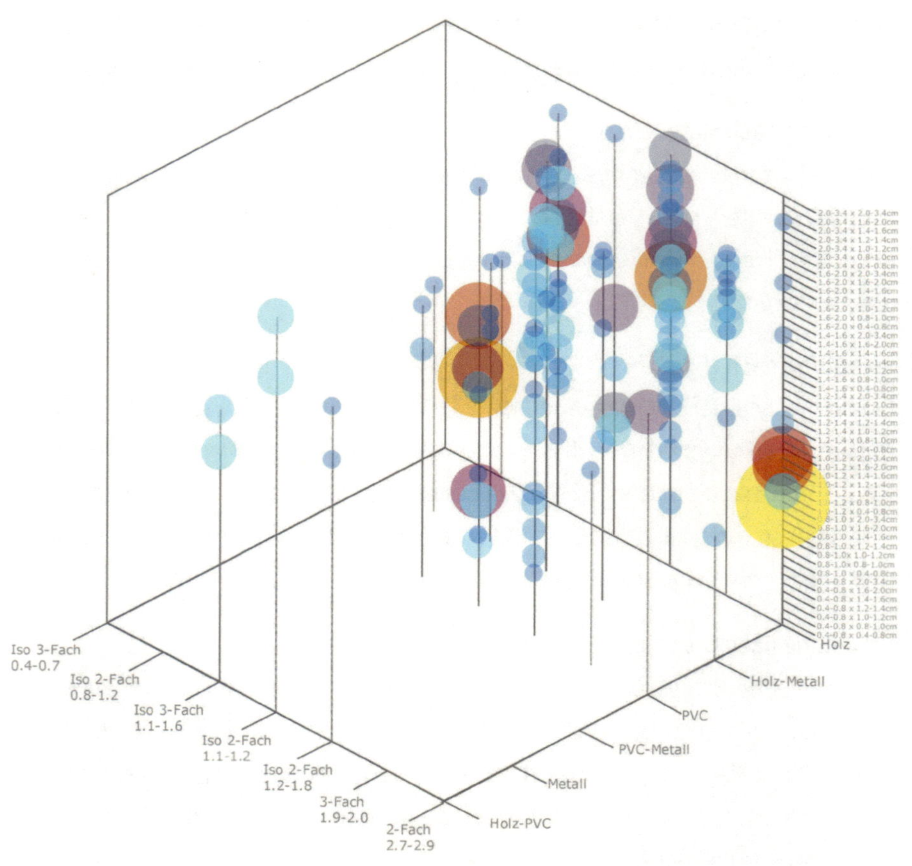

Korrelation der Parameter

ZHAW Institut Konstruktives Entwerfen, Michelle Schneider.
Basiert auf verschiedenen Datensätzen von RE-WIN

Korrelation der Parameter: Material, Grösse und U-Wert

Die spannendste Erkenntnis ergibt sich aus der Kombination der drei Parameter Material, Grösse und U-Wert, denn sie hilft dabei, die häufigsten Fenstertypen auf dem Markt zu identifizieren und ihre Verfügbarkeit einzuschätzen.

Am häufigsten treten folgende Fenstertypen auf:
• Holz, Doppelfenster mit einem U-Wert von 2.7-2.9, eine Breite von 1.0-1.2m und Höhe von 0.4-0.8m, (130x)
• PVC, 2-fach-Isolierfenster mit einem U-Wert von 1.1-1.2, eine Breite von 1.2-1.4m und eine Höhe von1.6-2.0m, (83x)
• Holz, 2-fach-Isolierfenster mit einem U-Wert von 1.2-1.8, eine Breite von 1.4-1.6m und eine Höhe von 1.6-2.0m, (51x)
• PVC, 2-fach-Isolierfenster mit einem U-Wert von 1.2-1.3, eine Breite von 1.4-1.6m und eine Höhe von 1.6-2.0m, (45x)
• Holz, 3-fach-Isolierfenster mit einem U-Wert von 1.1-1.6, eine Breite von 1.4-1.6m und eine Höhe von 1.2-1.4m, (38x)

Fazit

Die Analyse der 1011 Fenster zeigt zwar lediglich einen kleinen Teil der jährlich in der Schweiz und Liechtenstein entsorgten Fenster, aber erste Muster wie die Rückkehr zu standardisierten Massen aus den 1920er bis 1960er Jahren, Materialien und Güteklassen sind erkennbar. Diese Untersuchung liefert eine wertvolle Struktur für künftige Datenerhebungen bei allen Schweizer Fensterherstellern, inklusive Baujahr um zukünftige Abfallströme besser definieren zu können. Unser Ziel ist es, die Verfügbarkeit von Re-Use-Fenstern besser einschätzen zu können und die Planung von Bauprojekten mit RE-USE Materialien zu vereinfachen. Langfristig ist der Aufbau einer grossen digitalen Schweizer Datenbank mit Anbindung an Abbruchstellen erstrebenswert, um Informationen schnell zugänglich zu machen.

Neu 2-Fach, PVC, 1.3m*1.8   Transport Basel-Kiew, pro Fenster

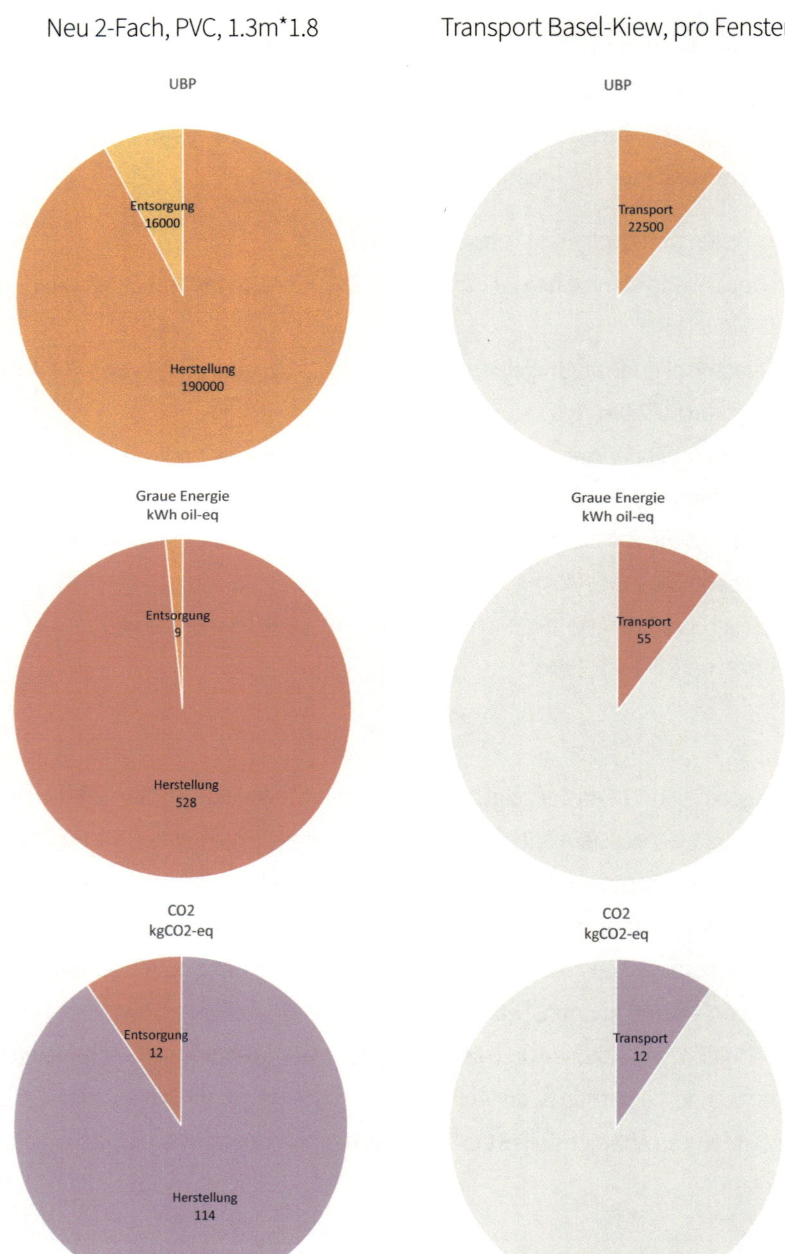

ZHAW Institut Konstruktives Entwerfen, Michelle Schneider.
Basiert auf verschiedenen Datensätzen von RE-WIN und der KBOB 2009-1-2022_v3.0

1.4.6 OEKOBILANZ

Um einen Vergleich zwischen einem neuen Fenster und einem Fenster aus Basel, das in Kiew wieder eingebaut wird, zu ziehen, haben wir das zweithäufigste Fenster in unserem Lager ausgewählt: ein PVC-Fenster mit Doppelverglasung, einem U-Wert von 1,1–1,2, einer Breite von 1,2–1,4 m und einer Höhe von 1,6–2,0 m. Die Berechnungen für die Herstellung und Entsorgung basieren auf den Richtlinien der KBOB 2009-1-2022_v3.0.

Für den Transport haben wir einen Lastwagen mit einem Eigengewicht von 2,8 Tonnen ausgesucht, der Platz für 15 Paletten à 10 kg bietet. Jede Palette kann 8 Fenster tragen, was insgesamt 120 Fenster mit einem Gewicht von jeweils 50 kg ergibt. Somit beträgt das Gesamtgewicht etwa 8 Tonnen, die über eine Distanz von rund 2000 km nach Kiew transportiert werden.

Da 2000 km nach viel klingt, stellt sich die Frage, ob sich dieser Transport ökologisch lohnt. In diesem Fall ist die Antwort klar: Es lohnt sich! Die Transportbilanz beträgt im Durchschnitt nur ein Viertel der Emissionen, die bei der Produktion eines neuen Fensters anfallen.

Die ökologische Bilanz des Rück- und Wiedereinbaus konnte nicht berücksichtigt werden, da diese nicht von RE-WIN beaufsichtigt werden. Deren Auswirkungen sind jedoch im Vergleich zu den Transportemissionen verschwindend klein.

Karte Fensterbauer gem. FFF

Karte Abbruchunternehmer gem. Abfall.ch

REGIONALITÄT & MATERIALNETZ-WERKE

Die Baubranche und ihre Akteure sind stark regional organisiert. Kurze Produktions- und Lieferketten mit wenigen Strassenkilometern sind die Handhabe, um die schweren Baumaterialien zu verschieben und die Kosten möglichst tief zu halten. Wiederholte Versuche der Datenzentralisierung sind bisher an der von SMEs dominierten Baubranche gescheitert[1]. Die Überlagerung der Karten aller Fensterbauer des schweizerischen Fachverbandes für Fenster sowie der schweizerischen Entsorgungsstellen für Innert Stoffe zeigt wenig überraschend ein dichtes und regionales Materialnetzwerk rund um Bautätigkeiten. Der Abrissatlas zeigt die Anzahl und Orte der Rückbautätigkeiten und der potenziell verfügbaren urbanen Minen.

In der Nähe der urbanen Zentren mit hoher Bauaktivität befinden sich üblicherweise auch Entsorgungsstellen, jedoch in ländlichen Gebieten, wo Land verfügbar, kostengünstig und mit grossen Fahrzeugen leicht zugänglich ist.

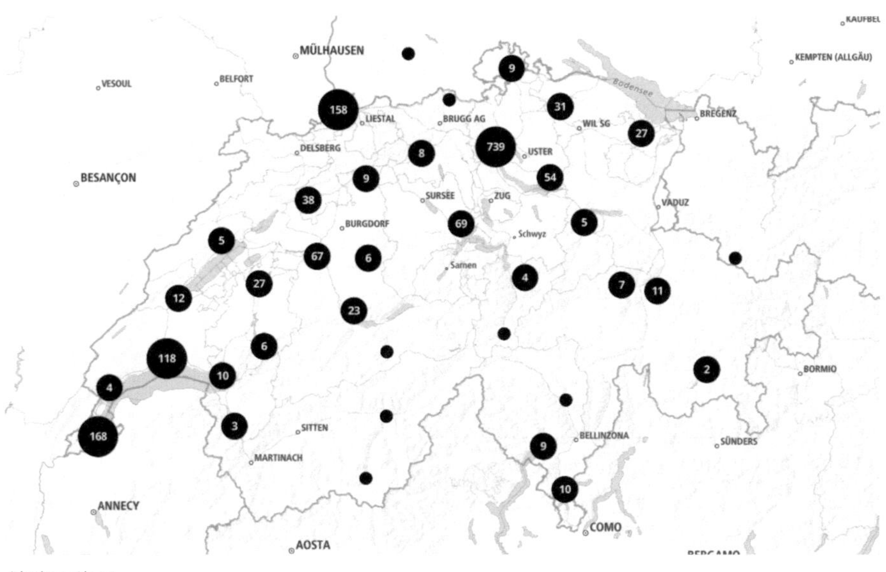

Abrissatlas[2]

1 https://de.statista.com/themen/2370/bauhauptgewerbe-in-der-schweiz/#topicOverview (Stand 22.11.2024)
2 https://www.abriss-atlas.ch/map/(Stand 22.11.24)

Aktuelle Lieferketten entsprechen der Logik "take-make-waste".[1] Rohmaterialien werden in Minen gefördert, in der Fabrik zu Komponenten gefertigt und gehen nach einem Lebenszyklus in den Besitz der Abbruchunternehmer über. Dieser entsorgt die ausgedienten Produkte entweder in Recyclinganlagen, wo neue Rohmaterialien gefertigt werden, oder sie werden Verbrennungsanlagen zur thermischen Rückgewinnung oder Deponien zur langfristigen Ablagerung zugeführt.

Für Fenster heisst dies konkret, dass das Fensterglas zu Verpackungsglas downgecycled oder abgelagert wird. Metall- und Plastikrahmen können rezykliert werden. Holzrahmen sind jedoch in der Regel nicht rezyklierbar und müssen verbrannt oder abgelagert werden.[2]

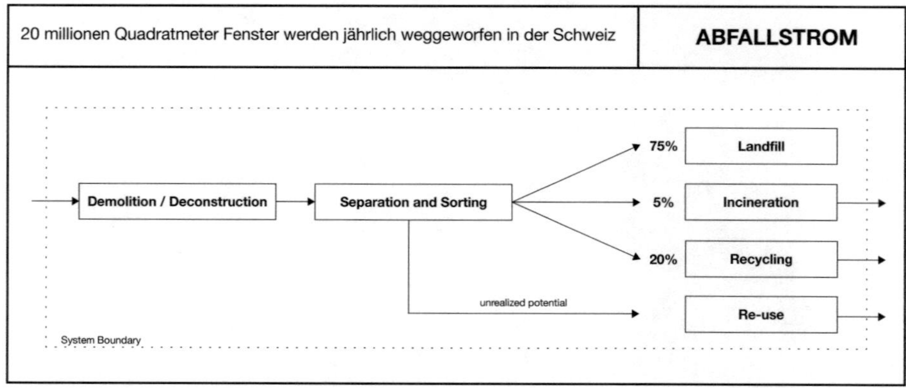

1 https://www.europarl.europa.eu/thinktank/en/docu-
ment/EPRS_BRI(2016)573899 (Stand 22.11.2024)
2 Klinge et al. 2019 - BAFU

1. Zustand Heute (Sanierung / Abbruch)

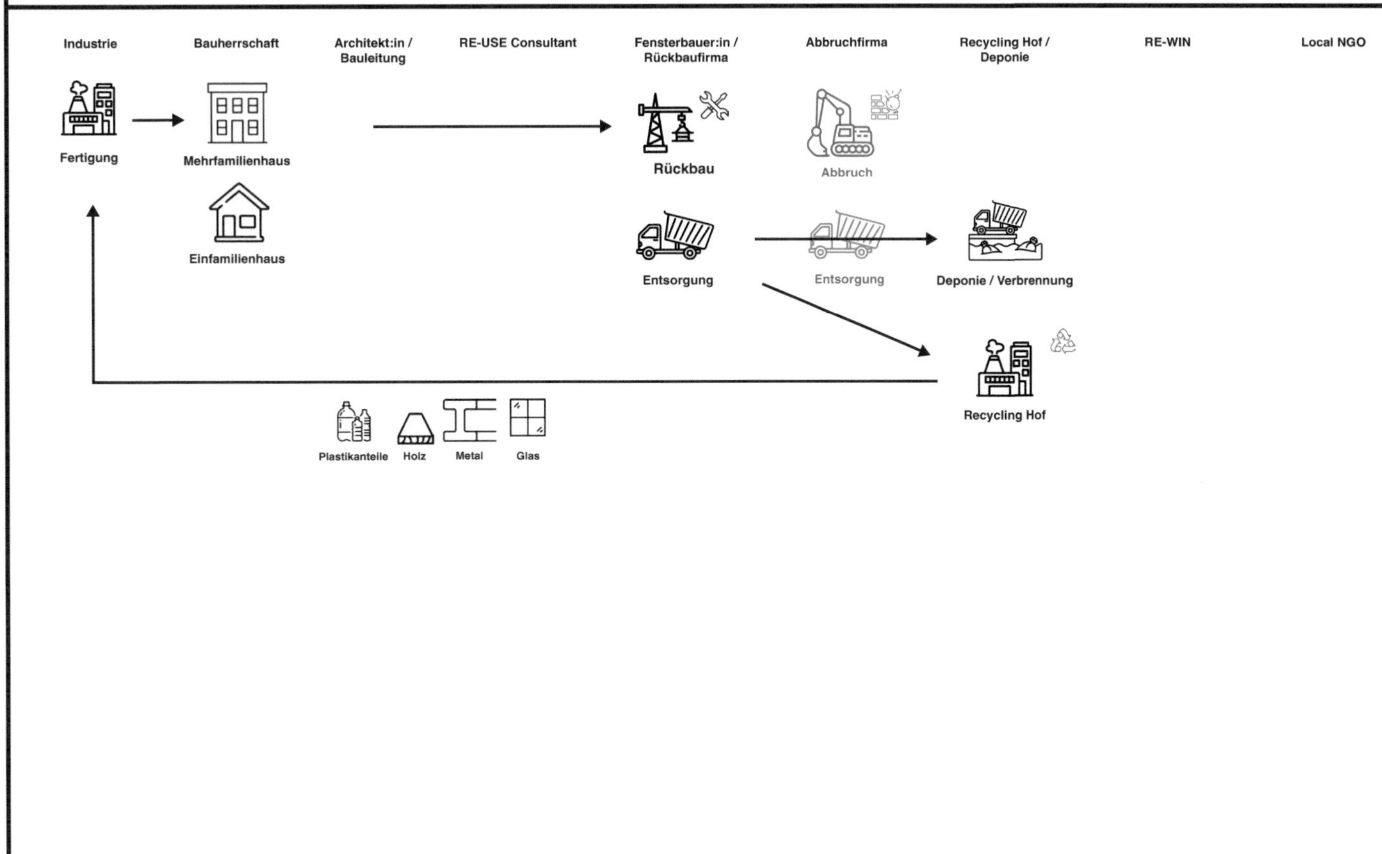

«SOMETIMES, STORING A BATCH OF MATERIALS FOR ONLY A FEW DAYS CAN MAKE A MAJOR DIFFERENCE IN FINDING AN ACTUAL DEMAND. NOT TO SPEAK ABOUT ALL THE OPERATIONS OF SORTING, CLEANING, PACKAGING… WHICH ARE OFTEN IMPOSSIBLE TO CONDUCT ON SITE BECAUSE OF SHORT TIMINGS AND LIMITED SPACE.»[1]

ROTOR DC

 1 https://rotordb.org/en/stories/rotor-and-rotordc-leonidas (Stand 22.11.2024)

2 RE-USE HÖFE

Der RE-USE-Hof übernimmt eine zentrale Rolle in der Ermöglichung der Zirkulärwirtschaft. Als temporäres Zwischenlager, als Aufbereitungsstätte und als Triagierfläche ist er das zentrale Hub für Materialien aus der Region. RE-WIN betreibt fünf Sammellager in der Schweiz/Liechtenstein und mit den ukrainischen Partnern weitere drei bis fünf Verteillager in grösseren Städten der Ukraine. Die Sammellager in der Schweiz sind zentrale Anknüpfungspunkte für die Region: Kleinere und grössere Fensterposten werden dort gesammelt, geprüft, für den Transport vorbereitet und weiterverschickt. Die Verteillager in der Ukraine werden zur Sortierung, Aufbereitung, Reparatur, Reinigung und Verteilung an die Empfänger genutzt.

Systemintegration:

Mit der Initiative "RE-USE Höfe" möchten wir in die bestehenden Materialflüsse und Netzwerke eingreifen und die systematische Zerstörung von Wert verhindern. Aufbauend auf bestehende Industriepartner schlägen wir vor, den RE-USE Hof an bestehende Recycling-Höfe anzugliedern. In der Pilotphase werden Fenster aus der systematischen Entsorgungslogistik dem Reuseprozess zugeführt – bei beinahe gleichbleibenden Lieferketten. Dies ermöglicht eine schnelle Skalierbarkeit und eine Integration in Recycling- und Entsorgungsprozesse.

Zeitliche Entkopplung

Da Bauprozesse langsam fortschreiten und oft lange dauern, werden Materialien monatelang im Voraus ausgewählt. Darüber hinaus sind Bauprojekte häufig von erheblichen zeitlichen Verschiebungen betroffen, die sich über mehrere Monate oder sogar Jahre erstrecken können. Ein RE-USE Hof kann Rückbau- und Einbaubaustellen verbinden und den Zeitraum zwischen den Nutzungsphasen überbrücken. Dies macht Second-Life-Materialien in höchstmöglichen Güteklassen für die Industrie zugänglicher und die Verfügbarkeit und Planbarkeit werden gefördert, wodurch wiederum die Einsatz- bzw. Verkaufswahrscheinlichkeit steigt.

RE
WIN
RE
WIN
RE
WIN
ZIRKULIE
RE
WIN
STALDER
TIEFBAU

Konzept

Mit den von RE-WIN betriebenen Sammellagern sollen die grossen Regionen der Deutschschweiz abgedeckt werden. In den Lagern werden kleinere Fensterpositionen bis ca. 100 Fenstern gesammelt, geprüft, inventarisiert und für den Transport vorbereitet. In durchschnittlich 160 Fenster umfassenden Ladungen werden sie in die Verteillager in der Ukraine überführt, wo die lokalen Partner die Fenster im Detail vermessen, ggf. kleinerer Reparaturarbeiten vornehmen und umladen. Die Bedürfnisse von potienziellen Empfänger:innen wie Familien oder soziale Einrichtungen werden abgeklärt und die Fenster kostenlos abgegeben.

Grössere Fensterpositionen von über100 Fenstern werden in der Regel direkt auf der Schweizer oder Liechtensteiner Baustelle für den internationalen Warentransport vorbereitet und im Verteillager in der Ukraine eingelagert.

Wenn im Folgenden die Rolle von Sammellagern für die kreislaufgerechte Rückgewinnung von Materialien und zirkulären Materialnetzwerken untersucht wird, ist ein Sammellager im Stil der RE-WIN-Sammellager gemeint.

Die Sammellager bilden wichtige physisch zugängliche Anknüpfungspunkte an die Region und können der fluiden Dynamik von Rückbaustelle – Terminverschiebungen, Einsprachen, etc. - eine sichere Anlaufstelle sein und Planungsunsicherheiten ausgleichen. Mit einer gesamten Lagerkapazität von ca. 1500 bis 2000 Fenstern sind sie eine wichtige Infrastruktur, um einen regelmässigen Materialfluss an die Empfängerorganisationen sicherzustellen. Unvorhergesehene Krisen wie beispielsweise Grenzschliessungen können abgefangen werden: Zwischen Oktober 2023 und Februar 2024 konnten aufgrund der politischen Lage zwar keine Fenster in die Ukraine überführt werden. Die Anlieferung von Fenstern konnte jedoch wie gewohnt koordiniert werden, wodurch Rückbauprozesse nicht gestört wurden. Zwischen Februar und Juni wurde die Lagerauslastung sukzessive heruntergefahren, um für die erhöhten Bauaktivitäten im Herbst vorbereitet zu sein. Aktuelle Bauverzögerungen stören den Materialfluss in die Ukraine, können jedoch durch die Fenster aus den Sammellagern ausgeglichen werden. Somit bewegt sich die Auslastung der Lager in der Regel zwischen 20-80 Prozent.

RESSOURCENBEDARF (RÄUMLICHKEIT):

Bern: ca. 200m2
Buchs: ca. 200m2   + 10m2 Bürofläche
Pratteln: ca. 450m2   + 10m2 Bürofläche
Winterthur: ca. 250m2
(Schüpfheim: ca. 100m2   + angliederung and Recyclinghof)

RESSOURCENBEDARF (MATERIAL):

- Gabelstapler oder Anpassrampe, Handstapler, Rollböcke
- Verpackungsgeräte
- Spannsets, Werkzeuge (Akku-Schrauber, Stichsäge, Hammer, Schrauben, Spachtel, Handschuhe, etc.)
- Verbrauchsmatterial (Paletten, Dachlatten oder Abfallholz, Folien)

PERSONALBEDARF (FÜR 600-800 FENSTER / JAHR):

> Lagerkoordination:
- ca. 20% Pensum
- Handwerkliches Geschick und idealerweise Fachwissen im Bereich Fenster
- Sicherer Umgang mit MS-Office, Emails und Telefonaten
- Organisatorische Fähigkeiten sowie Flexibilität und Eigeninitiative
- Idealerweise Erfahrung in der Bau- oder Logistikbranche

Tätigkeit:
- Abwicklung von Rückbauprojekten und Logistikplanung in Zusammenarbeit mit dem Lager
- Pflege regionaler Beziehungen zu Lieferanten und Partnern
- Annahme und Prüfung von Fenstern und Bauteilen
- Vorbereitung der Bauteile für den Transport, einschliesslich Dokumentation und Lagerverwaltung
- Koordination der Ressourcenplanung (Materialien, Personal, Lagerfläche)
- Enge Zusammenarbeit mit der Geschäftsleitung von RE-WIN

> Helfer:innen:
- Halbtätigen Mitarbeit nach Bedarf bzw. in regelmässiger Kapazität
- Handwerkliches Geschick und Bereitschaft zu körperlicher Arbeit
- Führerschein Kat. B und Staplerschein von Vorteil

Tätigkeit:
- Unterstützung bei der Annahme und Verarbeitung von Fenstern und Bauteilen
- Herstellung von Transportböcken und Verpackung der Bauteile
- Mithilfe beim Beladen von LKWs
- Beschaffung von Verbrauchsmaterialien (Paletten, Holz, Folien, etc.)

Betrieb:

Lager Bern: betrieben von einer ehrenamtlich tätigen Person und nach Bedarf mehreren Helfer:innen

Lager Pratteln: betrieben von einer fünfköpfigen Gruppe ehrenamtlich tätiger Rentner

Lager Buchs: betrieben von einer Person mit Festanstellung (20 Stellenprozente) mit freiwilligen Hilfskräften

Lager Winterthur: betrieben mit Wissenschaftlicher Begleitung der Universität ZHAW

Lager Schüpfheim: betrieben in Kooperation mit Recycling-Unternehmern

Aktivitäten und Zufluss

Die Lager Basel und Schüpfheim werden von RE-WIN koordiniert und erhalten den grössten Materialzufluss über direkte Anfragen an RE-WIN. In Bern, Buchs und Winterthur werden proaktiv regionale Beziehungen zu Baufachleuten, Gemeinden und Bauträgerschaften gepflegt, zur Förderung von wiederkehrenden Beziehungen und einem stetigen Materialfluss.

Materialfluss:

Bern: ca. 400 Fenster / Jahr - Kapazität am Anschlag

Basel: ca. 400 Fenster / Jahr - Kapazität max. 600 Fenster / Jahr

Buchs: ca. 600-800 Fenster / Jahr - Kapazität am Anschlag

Winterthur: Statistik ausstehend - Kapazität max. 400-600 Fenster / Jahr.

(Schüpfheim: Statistik ausstehend - Kapazität skalierbar)

Die Menge der gelieferten Fenster wird bei allen Lagern durch die Arbeitskapazität der ehrenamtlich Tätigen, die in der Regel nebenberuflich nicht mehr als ein 10%-Pensum leisten können limitiert.

Finanzierung und Perspektive:

Die Sammellager von RE-WIN befinden sich in der Regel in Räumlichkeiten, welche aufgrund von temporär ungenutzten Flächen günstig zwischengenutzt werden können.

2. „kleine" Projekte (Windows for Ukraine)

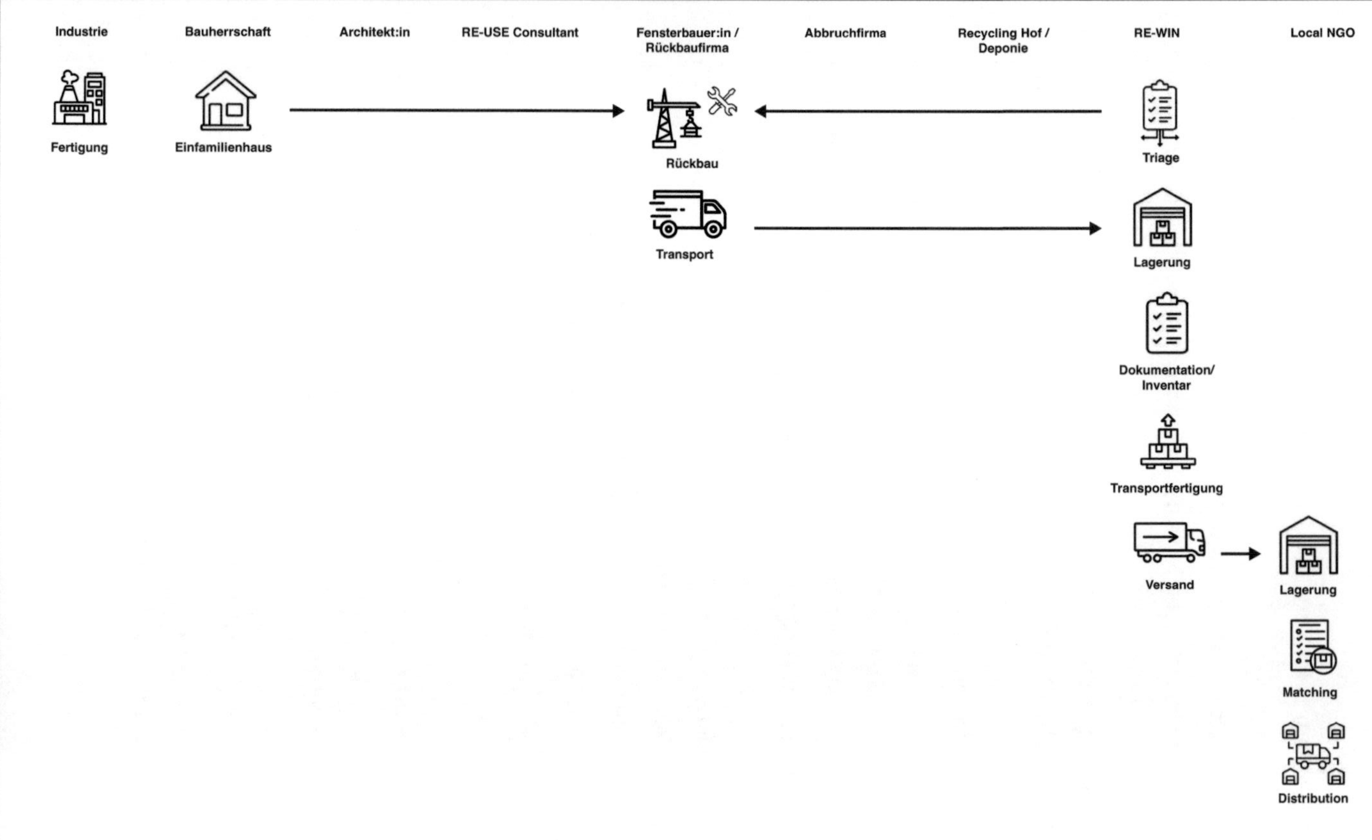

3. „grosse" Projekte (Windows for Ukraine)

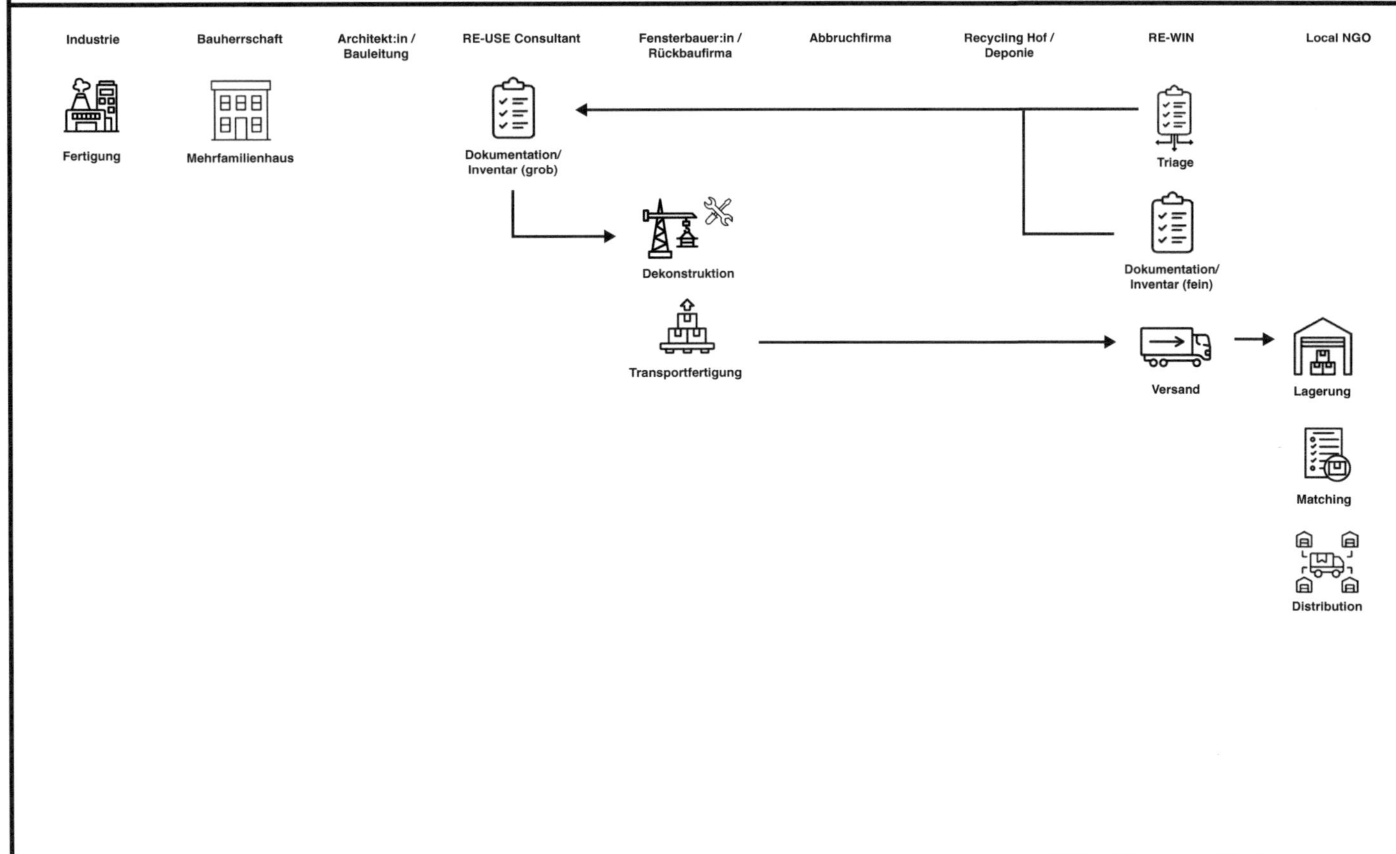

INTERVIEW

Nicolas Grandjean - RE-WIN Sammellager Zollikofen

Geführt von Félix Dillmann - (aus dem Schweizerdeutsch übersetzt)
Ort: Digital, 17.10.24

Überblick über das Gespräch:

Für unser Projekt RE-USE Höfe möchten wir die Rolle von Zwischenlagern in zirkulären Materialnetzwerken und Lieferketten untersuchen. Du bist Vorstandsmitglied bei RE-WIN, praktizierender Architekt in Bern, und hast eine Assistenzprofessur an der Hochschule für Technik und Architektur Freiburg. In diesem Zusammenhang hast du auch bereits mehrere Projekte mit wiederverwendeten Materialien umgesetzt. Für RE-WIN hast du vor knapp 2 Jahren das Sammellager in Bern gegründet und betreibst es seither. Dabei hast du viele Erfahrungen über die Rolle, Funktion und Anforderungen an die materialgerechte Lagerung von Fenstern gesammelt, die für die Wiederverwendung bestimmt sind.

Teil 1: Organisation und Infrastruktur des Lagers

1. Könntest du uns beschreiben, wie dein Lager funktioniert und organisiert ist?
   (Wie läuft der tägliche Betrieb?)

ng:
Vielleicht muss ich damit anfangen, wie es entstand. Es ist aus einer Ad-hoc Situation entstanden, dass wir ein Angebot für 300 Fenster eines Hochhauses hatten, dass abgebrochen wurde. Dort wurde ein Teil der Fenster direkt Verladen und ins Verteillager in der Ukraine gesendet. Die meisten Fenster mussten aber temporär und so nahe wie möglich zwischengelagert werden. So erhielten wir dieses Lager, was dennoch ca. 1km entfernt war und einen Transport benötigte. Es ist eine Zwischennutzung in einem grossen Bürohaus mit Lastenaufzug. Daher ist es als Lager nicht ideal aber war direkt verfügbar und kostete uns nicht. Es geht, aber man nimmt die Materialien einmal mehr in die Hände, da man unten die Annahme machen muss, die Materialien über den Lastenaufzug ins 1. OG und dann in den Lagerraum fahren muss. Dafür ist es viel zu gut geheizt und die Fenster sind trocken.

Es ist nicht dauerbesetzt - lediglich, wenn Anlieferungen auf Terminabsprache kommen. Manchmal läuft auch mehrere Wochen nichts. Heute beispielsweise habe ich mit einem Fensterbauer abgemacht, der in drei Phasen 120 Fenster bringt. Heute kommt die dritte Lieferung mit 40 Fenster. Sie bringen die Fenster zu viert in 10er Schritten. Die Abmachung war, dass sie sie fertig palettiert bringen und die Fenster bis ins Lager bringen. Nun bringen sie sie hoch, ich habe die Annahmestelle mit Paletten vorbereitet und beim Entlad laden wir sie im gleichen Zug auf die Paletten. Während sie die nächste Ladung holen, kann ich die Fenster prüfen, schnüren, beschriften, etc. mit Grössen, Gewicht und Kurzbeschrieb der Fenster, bis sie wieder kommen. Das ist ein sehr angenehmer Ablauf, da es von unserer Seite nur eine Person benötigt. Damit bin ich einerseits lange im Lager, aber kann zwischendurch andere Dinge machen. Die, die es bringen, leisten somit gleich einen wichtigen Beitrag. und so hat sich mittlerweile ein guter Ablauf herausgestellt. Angefangen hat der Ablauf damit, dass ein Spender einige Fenster brachte und ich merkte, dass er sich noch gerne etwas unterhalten und mit anpacken wolle. Ich habe es spontan mit ihm ausprobiert. Es hat sich sehr gut bewährt, entlastet uns und bindet die Spender in die Geschichte der Initiative ein. Anfangs konnten sie die Fenster abliefern und auf Grössenstapel sortieren. Damit mussten wir aber nochmal alles in die Hand nehmen. So sind sie direkt bei der Annahme transportfähig und bereitgestellt für die Wiederverwendung in der Ukraine, sowie der platzeffizienten Lagerung. Vor allem aber nimmt man nichts zweimal in die Hand.

Noch besser, wäre es, wenn dies direkt auf der Baustelle passiert beim ersten Mal in die Hand nehmen und ich verpackte Fenster annehmen und einlagern kann. Dies macht aber nur bei grösseren Positionen Sinn.

2. Was brauchst du an Infrastruktur, Flächen und Maschinen, um Materialien wie Fenster korrekt zu lagern, zu prüfen und für die Wiederverwendung bereitzustellen?

(Welche Standards oder Verfahren sind besonders wichtig, um die Qualität der Bauteile und Effizienz der Handhabe zu sichern?)

ng:
(lacht) bisher habe ich mit dem es geschafft, was ich hatte. Darauf basierend habe ich natürlich auch etwas selektiver annehmen müssen. Beispielsweise alle nicht funktionstüchtigen Fenster, die in Stand gestellt werden müssten, haben wir gar nicht angenommen. Kleinere Arbeiten wie Demontage der Beschläge, Bereinigung von Rückständen etc. benötigen nicht viel. Für eine Wiederverwendung in der Schweiz, wenn man noch die Fenster verbessern wollen oder reparieren müsste, würde dann nochmal eine weitere Infrastruktur brauchen, die ich hier nicht habe. Das Lager, das ich mir aber idealerweise für die logistischen Aufgaben wünschen würde, wäre eine Fläche mit Rampe, Hebebühne oder Hubstapler zum Entladen von ganzen Böcken oder Paketen. Zusätzlich sollte es im Bereich des Abladens eine Fläche für 2-3 Paletten und eine erste Triage der Qualitäten, oder für kleinere Aufbereitungsarbeiten haben. Diese kann an der freien Luft sein, sollte aber gedeckt sein. Danach kommt eine Lagerfläche, wo die Fenster gelagert, fertig palettiert oder umgelagert werden. Es wäre gut, eine entsprechende Durchfahrthöhen zu haben (mind. 2.5m). Am besten so einfach wie möglich, wenig Hindernisse, keine Schwellen, da die Paletten ca. 1 Tonne wiegen können. Im Lager selbst sind Stützen / stabile Strukturen sehr praktisch, um Elemente dagegenzustellen. Die Raumhöhe ist nicht so massgebend, da Transporthöhen meistens max. 2.5m sind.

Ansonsten bezüglich Geräte braucht man nicht viel. Da reichen mir die beiden Akkuschrauber und Akkustichsägen. Ggf. wäre eine kleine Handkreissäge gut und ein Gestell für Schrauben, Kleinteile etc. Dazu braucht es einen Palettenrolli, wenn verfügbar sogar ein Hubstapler und eine kleine Büroecke für Computer. Natürlich Sicherheitsausrüstung wie Handschuhe, Schutzbrillen, Sicherheitsschuhe und etwas Verbandsmaterial sind Voraussetzung für ein Lager. Viel mehr braucht es nicht. Der nächste Schritt wäre dann eine Werkbank, um Elemente zu reparieren.

3. Welche Fähigkeiten sollte ein professioneller Betreiber eines Bauteillagers für Fenster deiner Meinung nach haben?

ng:
Es bräuchte mindestens eine Person mit etwas Fachwissen bezüglich des Materials, die die Fenster beurteilen können, digitale Aufgaben für Inventar, Ladelisten, Sicherheitsbeurteilung etc. machen kann. Die Person muss ggf. nicht immer da sein. Aber jemand, der verantwortlich ist und die Fähigkeiten mitbringt. Das hat etwas mit Erfahrung zu tun, kann man sich aber auch schnell aneignen, wie auch wir uns da relativ schnell eingearbeitet haben. Was es dann braucht, sind ein bis zwei Helfer für Hebe- und Umlagearbeiten, binden, schrauben, sägen, etc. also gerne physische Arbeit machen und handwerklich nicht direkt ungeschickt sind, für einen sicheren Umgang mit den Handmaschinen. Ich arbeite da lieber mit einer kleinen eingespielten Gruppe als mit möglichst vielen Leuten. Die Abläufe müssen sich etwas einfinden und eingespielt werden. Ansonsten braucht es ggf. Leute, die ein Fahrzeug mit Hebebühnen (3.5t) fahren können oder ein Staplerschein haben.

Teil 2: Betrieb und Erfahrungen

4. Was waren deine wichtigsten Beobachtungen und Erkenntnisse während des Betriebs, von denen wir lernen könnten?
(Gibt es spezifische Trends oder Herausforderungen, die du erkannt hast?)

ng:
(lacht) ja es war schön! Klar, es ist ein Zeitaufwand für mich als Ehrenamtlicher und es ist anstrengend, aber es ist wirklich sehr bereichernd. Das darf man nicht vergessen, wenn man davon redet. Es ist nicht nur eine Pflicht, sondern auch etwas Schönes gerade im Zusammenhang mit der Ukraine. Da gibt es so viele tolle Gespräche oder Bemerkungen der Leute. Unterscheiden müsste man zwischen den einmaligen Anlieferungen und den wiederkehrenden oder grösseren Objekten. Bei Letzteren braucht es gute Vorabklärungen um die Logistik auf der Baustelle zu besprechen, die mit dem Lager zusammenpassen. Letztere sind wie jedes mit professionellen Abläufen und Beziehungen, es braucht Absprachen und Verlässlichkeit, um ein gemeinsames Ziel zu erreichen. Aber auch hier lernt man viel, da jede Baustelle doch wieder etwas anders funktioniert und jeder die Demontage wieder etwas anders macht. Die andere Kategorie sind Kleinspender: innen wie EFH-Besitzer, die ihre Fenster bringen und meistens noch etwas Small Talk führen wol-

len. Da kommen auch wirklich schöne Geschichten von Frusten bis Freuden des Tages und Lebens, sowie politischer Haltungen gegenüber dem Krieg entgegen. Dies ist zwar meist etwas Zeitintensiv, aber auch etwas Schönes.
Was zu erwähnen ist, ist das alle beitragen und ausdrücken, dass sie an einem wichtigen Teil einen Beitrag leisten. Sei es für die Ukraine oder auch für die Kreislaufwirtschaft in der Schweiz. Die Leute kommen meist nicht mit einem Pflichtgefühl, sondern aus einer Überzeugung. Das finde ich einen wichtigen Aspekt. Wir sind in einer Phase, wo die Kreislaufwirtschaft für viele etwas Neues ist und viele sind sehr interessiert, möchten mitmachen und etwas Gutes tun. Das motiviert und man spürt beim Entgegennehmen von Fenstern die Freude. Da kann ich viele aussergewöhnliche Geschichten erzählen.

5. Welche Schwierigkeiten oder Herausforderungen haben dich während des Betriebs am meisten gefordert?
(Gab es logistische Probleme oder Schwierigkeiten in der Zusammenarbeit mit anderen Akteuren?)

ng:
Natürlich gibt es auch Leute, die die Fenster oder ihren Abfall günstig loswerden wollen. Hier noch einmal bezüglich der Qualifikation der Mitarbeiterinnen. Es ist wichtig Vermutungen über Asbest abschätzen zu können, um billiger oder sogar verbotener Entsorgung von Bauschutt vorzubeugen.

fd:
Da haben auch in Basel leider die Erfahrung von illegalem Dumping machen müssen und mussten die selbstständige Anlieferung wieder abbrechen und eine Annahme einführen.

ng:
Auch da wäre die unmittelbare Nähe zur Entsorgungsstelle nicht schlecht, damit die Fensterspender:innen die wiederverwendbaren Fenster und den Abfall in einem Fluss abliefern können. Idealerweise geschieht die Triage in Einem und man könnte Beispielsweise für das Eine (Abfall) zahlen und für die Abgabe funktionstüchtiger Fenster vielleicht nicht.

Ein anderer Aspekt ist die Anlieferung von grossen Positionen, bei welchen die Flügel nicht eingehängt und nicht beschriftet waren. Das ist eine grosse zusätzliche Arbeit die Fenster wieder zusammenzustellen - 2h Arbeit für einige wenige Fenster.

6. Wer waren die Hauptakteure, mit denen du am meisten interagiert hast? Kannst du einige Einblicke oder Erfahrungen darüber teilen?
(Arbeitest du hauptsächlich mit Bauherren, Entsorgungsunternehmen oder anderen Fachleuten zusammen?)

ng:
Meine Erfahrungen mit dem Lager konzentrieren sich schon eher auf Privatanlieferungen. Das hat aber auch mit den Gegebenheiten des Lagers zu tun. Grosse Projekte versuchte ich immer auf der Baustelle zu lösen und direkt ins Verteillager der Ukraine zu lenken. Was wiederkehrend ist, ist das einzelne Architekturbüros oder Bauträgerschaften bereits mehrfach Fenster spenden. Private haben in der Regel ja nicht mehrere Objekte. Letztes Jahr, als SRF, Radio und Zeitungen viel Aufmerksamkeit generiert haben hatten wir fast alle zwei Tage eine Anlieferung. Mittlerweile ist es etwas abgeklungen von Privaten. Das würde heissen, dass man wieder etwas Aufmerksamkeit generieren würde, um wieder etwas mehr Fenster zu sammeln.

fd:
Das heisst aber auch, dass der aktuelle Durchfluss nicht die tatsächlichen Entsorgungen repräsentiert und die basierend auf dem letzten Jahr viel höher sein könnten. Wie war es mit Entsorgern oder Fensterbauern?

ng:
Ja, definitiv! Mit Entsorgern hatte ich bisher keinen Kontakt. Fensterbauer jedoch schon. Die kamen oft wiederkehrend. Teils weil sie etwas Gutes tun wollten, wegen der Ukraine oder der Wiederverwendung oder es gibt auch die, die die Fenster günstig abgeben wollen. Das ist auch okkey, solange die Fenster unseren Anforderungen entsprechen. Dann gibt es auch diejenigen, die sich erkundigen über die Konditionen und wenn sie merken, es ist mit Aufwand ihrerseits verbunden, hört man nichts mehr. Wir kommen ja nicht bei ihnen Ausbauen und Abtransportieren. Wenn man einen solchen Service anbieten würde mit Rückbau oder auch nur einsammeln, denke ich gäbe es wahrscheinlich noch viel mehr Fenster.

fd:
Das heisst oft ist die Hürde für Private mangelnde Infrastruktur oder Fahrzeuge, Geräte, um eine halbe Tonne Fenster Selbständig zu uns zu bringen.

ng:

Ja, die Privaten bauen es oft entweder selbst aus oder tragen es dem Handwerker auf und wenn sie es Spenden wollen, gibt es grob gesagt zwei Kostenpunkte: zum einen der Mehraufwand des Ausbaus und Heruntertragens, insofern es einen Mehraufwand gibt, was nicht immer gegeben ist. Zum anderen ist es der Transport - wenn der Fensterbauer nicht ohnehin die Fenster zur Entsorgung fährt und die Differenz minim wäre. Wenn man da einen Abholservice anbieten könnte oder eine Tour, die wir einmal im Monat anbieten würden, könnte da noch viel mehr Fenster kommen. Dies ist wirklich eine grosse Hürde. Ich hatte sogar welche, die extra jemanden Bezahlt, um die Fenster abzuholen und zu uns zu bringen. Ich weiss nicht, was es die gekostet hat, aber die waren bereit dazu.

7. Gibt es etwas, das dir in deiner Arbeit fehlt? Was würdest du dir für den Betrieb oder das Netzwerk wünschen, damit du deine Arbeit besser umsetzen können?
(Fehlen dir Ressourcen, spezifische Technologien oder ein besserer Austausch mit Partnern?)

ng:
Ja, offen gesagt wäre mein Wunsch, dass wir jemanden finden, der meine Arbeit weiterführt oder wir es eben mit dem CBI in eine professionellere Bewirtschaftung weitergeben können. Oder vielleicht gibt es auch eine neue Gruppe, die sich dem Annimmt.

Teil 3: Zukunft der Wiederverwendung von Bauteilen

8. Wie stellst du dir die Zukunft der Wiederverwendung von Bauteilen in der Schweiz vor?
Was könnte helfen, den Prozess weiter zu skalieren oder Materialien einfacher verfügbar zu machen?

ng:
Das ist eine mehrschichtige Frage, die ich nicht einfach beantworten kann. Aber grundsätzlich wünsche ich mir, dass weniger Material abgebaut und wiederaufgebaut wird. Man könnte mehr mit «wiederverwenden am Ort» arbeiten. Ansonsten denke ich wäre eine Integration in RE-USE Höfe eine gute Sache wären. Diese brauchen aber gewisse Rahmenbedingungen, die einen Betrieb ermöglichen. Da wäre die Politik gefordert, damit man das Interesse oder die Pflicht hat die Materi-

alien in die RE-USE Höfe zu bringen, weil man sonst noch mehr zahlt, oder gestraft wird, wenn man Bauschutt produziert. Dies müsste wiederum den etwas aufwändigeren Prozessen zugutekommen, um die Materialien wieder einzugliedern. Beim Wiedereingliedern bräuchte es ein neues Augenmass, um den Materialien gerecht zu werden wie Toleranzen auf Seiten der Bauherrschaft aber auch seitens der Gesetzgebung.

Ich glaube damit gehen auch neue Tätigungsfelder und Biografien einher von Personen, Handwerkern oder Unternehmen. Ich sehe das als sehr positive Perspektive entgegen der bekannten Angst, dass jede neue Regelung, Intervention oder Steuerung das jetzige System noch mehr belastet. Ich glaube man muss da auch sehen, dass neue Perspektiven und neue Betätigungsfelder geöffnet werden können. Es sind ja nicht ganz neu, es gab viele davon früher schon, aber man müsste sie neu aktivieren.

Offene Frage:

9. Gibt es noch etwas, das du gerne zu diesem Thema hinzufügen möchtest? Vielleicht Aspekte, die bisher nicht angesprochen wurden, aber dir wichtig sind?
(Gibt es etwas, das du als besonders wichtig für die Weiterentwicklung der Branche oder RE-WIN siehst?)

ng:
Ja, ein Thema was ich gerne noch einbringen möchte, dass wir oft mit RE-WIN schon angesprochen haben. Das Thema der Netzdicht von Sammelstellen bzw. Höfen. Wie gross ist die Ideale Distanz, Vernetzung und Ergänzung dieser RE-USE Sammelstellen. Das als Offene Frage, die ich sehr wichtig finde, wenn wir über die Zukunft von einem Materialnetzwerk reden. Damit verbunden wie nahe sollen sie zu Urbanen Zentren sein auf Grund der Platzbedürfnisse. Zu weite Ausserhalb wäre aber für Mitarbeiter und Lieferdistanzen nicht gut, andererseits sind dort die Lagerflächen verfügbar und günstiger. Ich denke das ist wichtig zu thematisieren, ohne dass wir bereits wissen, was ist richtig.

Abschluss:
Vielen Dank, Nicolas, für deine Zeit und für das Teilen deiner wertvollen Einsichten. Ich denke, dass deine Erfahrungen und Beobachtungen einen wichtigen Beitrag für unser RE-USE Höfe Projekt leisten werden.

INTERVIEW

Simon Egger - RE-WIN Sammellager Buchs

Geführt von Felix Dillmann - (aus dem Schweizerdeutsch übersetzt)
Ort: Digital, 17.10.24

Überblick über das Gespräch:

Für unser Projekt RE-USE Höfe möchten wir die Rolle von Zwischenlagern in zirkulären Materialnetzwerken und Lieferketten untersuchen. Du bist Vereinsmitglied bei RE-WIN und Mitarbeiter bei ZirkuLIE, wo du ein Zentrum für Zirkuläres Bauen aufbaust. Zusammen mit RE-WIN hast du vor 1.5 Jahren das Sammellager in Buchs gegründet und betreibst es seither. Dabei hast du viele Erfahrungen über die Rolle, Funktion und Anforderungen an die materialgerechte Lagerung von Fenstern und weiteren Bauteilen gesammelt, die für die Wiederverwendung bestimmt sind. Ich würde heute gerne mit dir über diese Erfahrungen in 3 Teilen sprechen.

Teil 1: Organisation und Infrastruktur des Lagers

Lass uns zuerst über das Lager sprechen, das du in Buchs aufgebaut hast.

1. Könntest du uns beschreiben, wie dein Lager funktioniert und organisiert ist?
   (Wie läuft der tägliche Betrieb?)

se:
rundsätzlich haben wir mich als festangestellter Mitarbeiter für die Fensterlogistik einen Tag pro Woche. Das geht locker auf. Jenachdem wenn die Fenster schubweise kommen, ist es mal etwas mehr, mal etwas weniger. Zusätzlich habe ich alle zwei Wochen einen Tag oder jede Woche einen halben Tag einen Helfer. Gewisse Sachen kann man nicht selbst machen. Meistens helfen die Spender beim Entlad, dann geht das gut. Aber grundsätzlich ist man froh, wenn man zwischendurch Sachen zu zweit machen kann. Was natürlich wichtig ist, ist dass man sich mit den Fenstern auseinandersetzt. Ich habe viel gelernt bezüglich Schliessmechanismen, einhängen/ aushängen. Was gibt es für unterschiedliche Systeme. Dies habe ich sehr spannend gefunden, ohne grosse Schulung machen zu müssen, hat man schnell die nötigen Erfahrungen gemacht.

Aber auch, wenn man sich zwischendurch mal einen Fensterbauer oder Schreiner zuziehen würde, wäre das als Einführung sicher hilfreich. Danach eignet man sich mit der Zeit automatisch etwas Fachwissen an, wie die Fenster aufgebaut sind, wie man damit umgeht. Ansonsten die Tätigkeiten sind zum einen etwas logistische Arbeiten, Fenster prüfen, einhängen, palettieren, reinigen. Aber auch gewisse Netzwerkarbeit vor Ort mit dem lokalen Baugewerbe. Wir haben mit Abrissunternehmer, allgemein Bauunternehmer in der Region zu tun gehabt, haben über die öffentliche Hand, Gemeinden div. Material/ Fensterspenden erhalten können. Dies war sehr erfreulich. Dennoch ist sehr viel aus der Schweiz gekommen. Auch bis in den Raum Zürich über die Info@ adresse. Dazu kam viel aus dem Appenzeller Land, Zürichgebiet, was für uns sehr gut funktioniert hat.
Grundsätzlich kann man sagen so ein Tag pro Woche passt schon gut.

fd:
Damit habt ihr nun etwa 600-700 Fenster gesammelt innert einem Jahr.

2. Was brauchst du an Infrastruktur, Flächen und Maschinen, um Materialien wie Fenster korrekt zu lagern, zu prüfen und für die Wiederverwendung bereitzustellen?
   (Welche Standards oder Verfahren sind besonders wichtig, um die Qualität der Bauteile und Effizienz der Handhabe zu sichern?)

se:
Wir haben in Buchs ein Lager von ca. 150m2, wo wir Platz haben, um Fenster entgegenzunehmen, zu lagern, bzw. für den Transport vor zu bereiten. Es hat verschiedene Vor- und Nachteile an dem Standort: Der grosse Vorteil ist, dass wir eine Laderampe haben. Sobald die Fenster bereit sind, kann man sie ideal wieder versenden. Was wichtig ist an Infrastruktur sind Möglichkeiten zu rangieren, entgegennehmen ab Fahrzeug, einlagern bzw. die bereiten Fenster zu manövrieren. Dazu ist auch wichtig, etwas den Überblick zu halten, gerade bei grösseren Positionen, dass

*die Fenster gut angeschrieben und nummeriert
sind. Das wäre auch gut, wenn man es im Vorfeld
so kommunizieren kann und wir dann nicht die
richtigen Flügel zu den Rähmen finden müssen.*

*Dazu braucht es kleine Handwerkzeuge: Bohrmas-
chinen, (Stich)säge ist wichtig, ansonsten ist
aber weniger Maschinenarbeit notwendig und
mehr um handwerkliches Geschick. Teilweise
haben wir auch Ausbauarbeiten gemacht, als
Aktionen mit freiwilligen Helfern. Dann braucht
man zusätzlich ein Säbelsäge zum Silikonfugen
oder Bauschaum zu trennen. Schrauber und auch
immer ein Stemmeisen, um die Fensterrahmen
her auszustemmen, auch wenn vorsichtig damit
umzugehen ist. Da gibt es Fenster, die besser
und schlechter gehen. Da sind auch etwas Wissen und Erfahrung vorausgesetzt, da Rahmen
doch relativ schnell beschädigt werden können.
Ich gleich kaputt zu machen ist schwierig aber,
dass sie auch noch schön aussehen, ist doch
ein Handwerk. Dazu die logistische Arbeit, im
Lager – ideal wären 2-3 Rollböcke, um effiziente
Entladeprozesse zu ermöglichen und Ordnung
zu halten.*

3. Welche Fähigkeiten sollte ein professioneller
Betreiber eines Bauteillagers für Fenster deiner
Meinung nach haben?
  (Sind technische Fähigkeiten wichtiger oder
geht es auch stark um Management und Lo-
gistik?)

se:
*Es ist sicher nicht schlecht etwas Ordnung zu
halten und dafür Zeit einzuteilen. Auch für Inven-
tare mit allen nötigen Informationen festzuhalten,
um ein Fenster zu beschreiben. Eigentlich ist es
vielseitige Arbeit. Zum einen etwas organisato-
risches, mit den Zahlen und Eigenschaften umzugehen. Andererseits eine logistische Aufgabe,
um Kapazitäten und Lagersysteme zu bearbeiten
und doch ist es eine sehr handwerkliche Arbeit.
Man muss physisch einiges leisten je nachdem wie
gross die Fenster sind. Ich war auch froh hatte ich
einen starken Helfer, der ursprünglich Schreiner
und Zimmerer war und viel Erfahrung hat mit
«Dingen heben». Oft ist es auch mehr Technik
als Muskelkraft um 100kg schwere rumzuheben.*

*Also die 3 Fähigkeiten: Organisieren – Computer-
arbeit / Logistik / Handwerkliche Arbeit.*

Teil 2: Betrieb und Erfahrungen

Jetzt würde ich gerne über deine praktischen
Erfahrungen im Betrieb des Lagers sprechen.

4. Was waren deine wichtigsten Beobachtungen und Erkenntnisse während des Betriebs?
  (Gibt es spezifische Trends oder Herausforderungen, die du erkannt hast?)

se:
*Ich würde sagen, man muss sehr flexibel sein.
Auch wenn man sagt es ist «nur» ein Tag in der
Woche, so ist dieser Tag auf die Woche verteilt,
da man sich etwas den Anlieferungen anpassen
muss. Gewissen geht es nie zu Bürozeiten und
nur am Wochenende, anderen geht es nur zu
Bürozeiten. Diesen Leuten muss man doch etwas
entgegenkommen, da es ja auch Spenden sind
und die einen gewissen Aufwand auf sich nehmen
mit Fahrzeugmiete, etc. Dies ging bei mir gut, aber
ist nicht selbstverständlich. In diesem Sinne sind
es immer wieder kurze Arbeitsschritte und nicht
ein fixer Tag. Ansonsten fällt mir nichts mehr auf.*

5. Welche Schwierigkeiten oder Herausforderungen haben dich während des Betriebs am
meisten gefordert?
  (Gab es logistische Probleme oder Schwierigkeiten in der Zusammenarbeit mit anderen
Akteuren?)

se:
*Teil wenn Fenster nicht gut beschriftet sind muss
man Tetris spielen mit den Flügeln. Das ist ein
grosser Aufwand. Besonders bei einer Spende,
die mit ca. 100 Fenster kam und kein einziges
beschriftet war. Dies würde ich zukünftig anders
organisieren.*

fd:
*Und etwas, was überraschend leicht ging und
du dir schwieriger vorstelltest?*

se:
*(lacht) Mich hat es schon beindruckt, wie viele
Leute Fenster haben – und wie gut diese Fenster
wirklich sind! Es ist beindruckend was da alles
zusammenkommt, aber auch wie viel Herzblut
gewisse Menschen investieren. Eine Mutter ist mit
Fenstern gekommen und hatte 2 Kinder auf dem
Arm. Das waren auch schöne Begegnungen und*

6. Wer waren die Hauptakteure, mit denen du am meisten interagiert hast? Kannst du einige Einblicke oder Erfahrungen darüber teilen?
   (Arbeitest du hauptsächlich mit Bauherren, Entsorgungsunternehmen oder anderen Fachleuten zusammen?)

se:
Es gibt mittlerweile wirklich Gemeinden, die denken bei jedem Abbruch oder Fensterersatz an uns und spenden die Fenster immer wieder. Das ist sehr schön zu sehen. Gewisse Architekten kommen auch immer wieder. Auch Abbruchunternehmer – wobei, da denke ich wäre das Potential noch viel grösser. Dort habe ich aber gemerkt, die Handwerker, die im Abbruch arbeiten, die haben das Wissen für den sorgfältigen Ausbau einfach nicht. Das funktioniert dort meist mit roher Gewalt. Dort denke ich gäbe es recht viel Potential, um ggf. Arbeiter zu schulen und dass ein Abbruchunternehmen bereit ist, um Fenster dann sauber auszubauen. Ich denke es ist wirklich nicht ein grosser Mehraufwand, es ist meiner Meinung nach sogar einfacher und angenehmer für Arbeiter die Fenster sauber auszubauen, Schrauben zu lösen, als mit roher Gewalt, die Fenster versuchen auszustemmen. Mich hat es teils beeindruckt, wir waren in einem Haus, um Fenster auszubauen, ein Fenster war zu gross, das war für uns ungeeignet und der Abbruchunternehmer hat keine einzige Schraube entfernt. Er hat lediglich daran gerissen mit dem Stemmeisen. Ich dachte mir da, dass es ziemlich primitiv ist, und es würde viel einfacher gehen, schon nur wenn man die Schrauben entfernen würde. Es wäre viel einfacher, auch wenn er es dann rausstemmen würde und es kaputt geht. Ich glaube da gäbe es ziemlich ein Potential. Beispielsweise man zahlte denn Arbeitern eine eintägige Schulung. Beispielsweise wäre das jetzt etwas, was wir mit unserer Stiftung beispielsweise machen könnte. Man könnte diese Arbeiter ausbilden und jedem ein Fensterbauerwerkzeug schenken, um Flügel auszuhängen. Das wäre wahrscheinlich ein ziemliches Potential, um noch viel Mehr Fenster zu akquirieren.

7. Gibt es etwas, das dir in deiner Arbeit fehlt? Was würdest du dir für den Betrieb oder das Netzwerk wünschen?
   (Fehlen dir Ressourcen, spezifische Technologien oder ein besserer Austausch mit Partnern?)

se:
Eben, ich wäre wirklich froh um mehr Fensterböcke. Ansonsten wir haben jetzt ein neues Lager, hier ist es etwas angenehmer. Vor allem Rangierinfrastruktur wäre gut, sowie Lademöglichkeiten zum Auf- und Abladen wären super, sei es eine Anpassrampe oder Hubstapler. Auch haben wir jetzt einen ebenen Boden, was schon sehr wertvoll ist.

fd:
Und im Austausch mit Akteuren?

se:
Ich glaube, ich hätte noch gerne etwas mehr Bezug zu den Fensterempfängern. Das ist nichts was mir im Betrieb fehlt oder essenziell ist, aber etwas was mich freuen und interessieren würde. Ansonsten glaube ich, da es noch sehr neu ist, denke ich gäbe es noch viel mehr Potential, um noch viel mehr Materialien zu sammeln. Gäbe auch wieder mehr Arbeit. Für mich war das jetzt so schon grad passend und ich wurde nicht komplett überrannt. Die Ware kam recht regelmässig und hat für den Moment mit ehrenamtlichen Helfern gut gepasst.

Teil 3: Zukunft der Wiederverwendung von Bauteilen

Lass uns einen Blick in die Zukunft werfen.

8. Wie stellst du dir die Zukunft der Wiederverwendung von Bauteilen in der Schweiz vor?
   Wie siehst du die Rolle des Lagers im Materialnetzwerk bei euch im Lichtenstein?

se:
Im Hinblick auf die Fenster für die Ukraine macht das auf jeden Fall Sinn. Es ist ein Zentraler Ort, wo Fenster gesammelt werden und von dort mit dem LKW versendet werden. Hinblicklich der regionalen Wiederverwendung sieht es ggf. etwas anders aus. Ideal wäre nach sofortiger Bestandsaufnahme von Rückbauobjekten ein Inventar aufzubauen und Abnehmer zu finden.

Das Bauteillager würde so nur als Pufferraum genutzt für das temporäre Einlagern von Zweck-bestimmten Materialien. Somit wären auch die Lagerkosten recht bescheiden. Dann müssten Lager auch nicht ausufernd gross sein. Einfach weil doch eine unglaubliche Masse an guten Materialien da wären, von denen man nicht weiss, ob sie eine Verwendung finden. Zugrunde würde aber auch liegen, dass die Architekten die Bereitschaft mitbringen, die Bauteile wieder einzusetzen. Zusätzlich wäre das idealerweise ein Abbruchunternehmer und es wie klar wird, welche Materialien ausgebaut werden und noch gut sind. Für RE-WIN ist es überschaubar. Man kann die Fläche gut berechnen die man braucht. Auch wenn man andere Materialien sammeln würde, bräuchte man für jedes Material das Wissen, das wir jetzt für Fenster gesammelt haben. Ich habe auch gemerkt, dass ein Schreiner noch immer ein Vielfaches mehr weiss als ich. Auch was sich lohnen würde auf Lager zu nehmen. Da sind wir aber immer noch nur bei Fenstern. Sobald mal ein Sanitär käme, hätte der viel ein tieferes Wissen, was sich lohnen könnte bezüglich Sanitärobjekte. Damit müsste es entweder Leute haben, die ein breites Wissen bezüglich aller Materialien hat oder doch das Fachwissen hinzuziehen, wenn man so ein Lager betreibt.

fd:
Wobei auch hier kann man sagen, auch für die Ukraine mussten wir über zwei Jahre lernen, welche Fenster sich gut eigenen und welche weniger. So sammeln wir bereits vieles nicht mehr, was am Anfang gesammelt wurde. – Auch bezüglich Bedarfs, Qualitäten, etc. obwohl wir Fensterfremd sind. Doch auch wir haben einen Fensterbauer im Verein, der uns mit seinem Fach-wissen sehr stark weitergeholfen hat.

se:
Auch da würde ich sagen, haben auch die Sch-reiner und Fachleute ein geräumiges Wissen. Die wissen, um welche Beschläge, welche Kom-ponenten oder Materialien man immer wieder sehr froh ist. Ich hatte gerade eine Anfrage für Fensterbeschläge, die gesucht sind. Ich habe jetzt leider keine mehr, aber auch ich sammle mir jetzt ein Wissen an, was sich lohnt und was nicht. Grundsätzlich, je mehr Menschen wir einbeziehen in den Prozess, denke ich, desto besser ist die Wahrscheinlichkeit, dass wir Material einlagern, die potenziell Verwendung finden.

Abschluss:

Vielen Dank, Simon, für deine Zeit und für das Teilen deiner wertvollen Einsichten. Ich denke, dass deine Erfahrungen und Beobachtungen einen wichtigen Beitrag für unser *RE-USE Höfe* Projekt leisten werden.

Standort Stalder Tiefbau

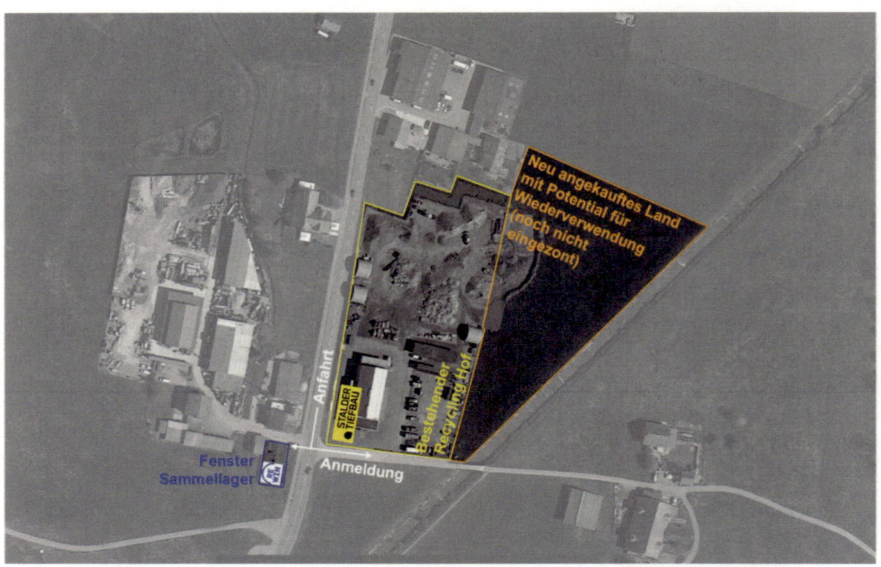

RE-USE Hof Stalder Tiefbau

FALLSTUDIE STALDER TIEFBAU

«UNSERE ROLLE WÄRE ALS "VERHINDERER",
DASS ETWAS WEGGEWORFEN WIRD,
WAS NOCH FUNKTIONIERT»

**- CHRISTOPH STALDER
(RECYCLING-UNTERNEHMER)**

Betriebskonzept:

"Vom Einfamilienhaus bis zu Industrie- und Landwirtschaftsbauten führen wir bei jeglichen Arten von Gebäuden den geordneten Rückbau durch. Ob Holz-, Beton- oder Stahlbauten, wir zerlegen bei Abbrucharbeiten alle Materialien wieder in ihre ursprünglichen Einzelteile und führen sie der Wiederverwertung zu. Bei uns können Sie nicht nur PET-Flaschen und alte Küchengeräte recyceln – wir verwerten, wenn nötig Ihr gesamtes Eigenheim wieder. Zögern Sie nicht uns für Abbrucharbeiten im Raum Entlebuch und Luzern zu kontaktieren.

Wir sammeln, entsorgen und recyceln alle wiederverwertbaren Materialien. Sie können die Wertstoffe bei unserer Sammelstelle in Schüpfheim direkt vorbeibringen. Von der Waschmaschine bis zum Fahrrad – bei unserer Sammelstelle nehmen wir alle recycelbaren Geräte und Gegenstände entgegen. Auf Wunsch holen wir das Entsorgungsmaterial auch bei Ihnen ab." - Stalder Tiefbau[1]

In Kooperation mit dem Tiefbau- und Recyclingunternehmer Stalder Tiefbau wird dessen Recyclinghof testweise mit einem RE-USE-Hof zur Sammlung von wiederverwendbaren Fenstern ergänzt. Stalder Tiefbau hat Land angekauft, um ihren Recyclinghof zu vergrössern und ggf. darauf Möglichkeiten zur Wiederverwendung anzudenken. Für die Testphase der Integration des RE-USE-Hofes in den Recyclinghof wurde die leerstehende Werkhalle von ASA Fenster angemietet.

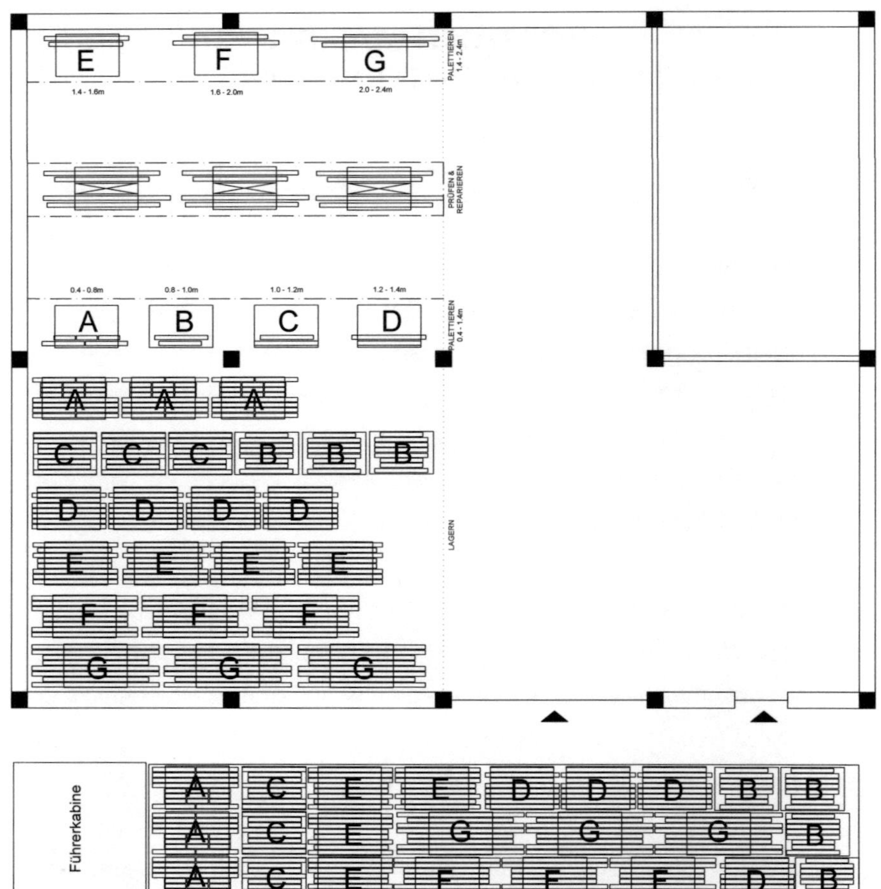

Lagerplan RE-USE Hof Stalder

Die Werkhalle schliesst direkt an das Areal von Stalder Tiefbau. Stalder Tiefbau ist verantwortlich für den Betrieb, die Annahme sowie Prüfung, Aufbereitung und Dokumentation der abgegebenen Fenster. Dafür unterstützt RE-WIN das Unternehmen mit Fachwissen und Erfahrung im Sammeln und Lagern von Fenstern. RE-WIN übernimmt die Fenster ab beladenem Lastwagen zur Vermittlung an die Empfängerorganisationen in der Ukraine.

Standort:

Der Standort des Recycling-Hofes und des RE-USE-Hofes befindet sich etwas ausserhalb des Dorfes Schüpfheim, an einer sehr gut erschlossenen Strasse. Von dort bedienen sie in erster Linie die Region Entlebuch und in zweiter Linie den Kanton Luzern.

Infrastruktur:

Der RE-USE Hof-befindet sich in einer neuen ebenerdigen Werkhalle mit Bodenheizung, die als Zwischennutzung zu einem vergünstigten Mietpreis von 75.-/m²a zur Verfügung gestellt wird. Er kann mit dem Maschinenpark inkl. Stapler und Kranfahrzeugen vom Recyclinghof bedient werden. Die zusätzlich notwendigen Werkzeuge wie Akkuschrauber, Sägen und Bindeapparate sind im Recyclingbetrieb verfügbar. Verbrauchsmaterialien zur transportsicheren Fixierung der Fenster auf Paletten konnten grösstenteils aus dem Abfallmaterial des Recyclinghofs wiederverwendet werden.

Personalbedarf:

Christoph Stalder, gelernter Schreiner und Geschäftsleiter Recycling und Transport, koordiniert das Lager sowie die Fensterannahme. Nach Bedarf stehen ihm seine Mitarbeitenden zur Seite, welche in unausgelasteten Momenten oder bei schlechtem Wetter Arbeiten durchführen können.

Bild: Uwe Schnetgöke (RE-WIN)

Erfahrungsbericht:

Im Lager wurden innerhalb von 6 Monaten gesamthaft 303 Fenster gesammelt. 230
Fenster stammen von der Grossbaustelle P70 Floraweg Luzern. Weitere Kleinspenden von
1 bis 29 Fenster wurden von privaten Bauherrschaften und Fensterbauern abgegeben.

Beim Projekt Floraweg organisierte Stalder Tiefbau die Baustellenlogistik und führte sie
durch. Anstelle voller Mulden konnten sorgfältig palettierte Fenster überführt werden.
Nach einem Erstgespräch auf der Baustelle mit Bauleitung und Stalder Tiefbau lief die
Koordination zwischen Baustelle und Lager bilateral.

Beim Projekt L222 Brugmatte führte Stalder Tiefbau die Abholung der Altfenster durch
und vereinbarte mit der Bauherrschaft den direkten Abtransport. Die Fenster wurden
gemäss Richtlinie von RE-WIN auf Paletten fixiert und für die Abholung bereitgestellt.

Im Rahmen weiterer Projekte lieferten die Fensterbauer die sorgfältig rückgebauten Fenster
lose und teils in Einzelteilen an. Bei der Annahme wurden diese in die Wiederverwendung
bzw. das Recycling triagiert. Die Anlieferung in Einzelteilen stellte eine Schwierigkeit dar,
da der Aufwand für die Zuordnung der nicht markierten Fensterflügel zu den zugehörigen
Rahmen gross ist. Zukünftig sollte kommuniziert werden, dass Fenster eingehängt oder
mind. markiert geliefert werden müssen.

Die wiederverwendbaren Fenster konnten während der normalen Öffnungszeiten
unentgeltlich abgegeben werden. Die Fenster, die den Anforderungen von RE-WIN
nicht entsprachen oder beschädigt waren, wurden direkt auf Kosten der Abgebenden
entsorgt. Die Abgebenden von Kleinstspenden (1-9 Fenster) wurden wie bei der normalen
Recyclingabgabestelle in den Sortierprozess (an richtiger Stelle Abladen, Sortieren,
Aufreihen, etc.) eingebunden.

4. RE-USE Höfe (Windows for Ukraine)

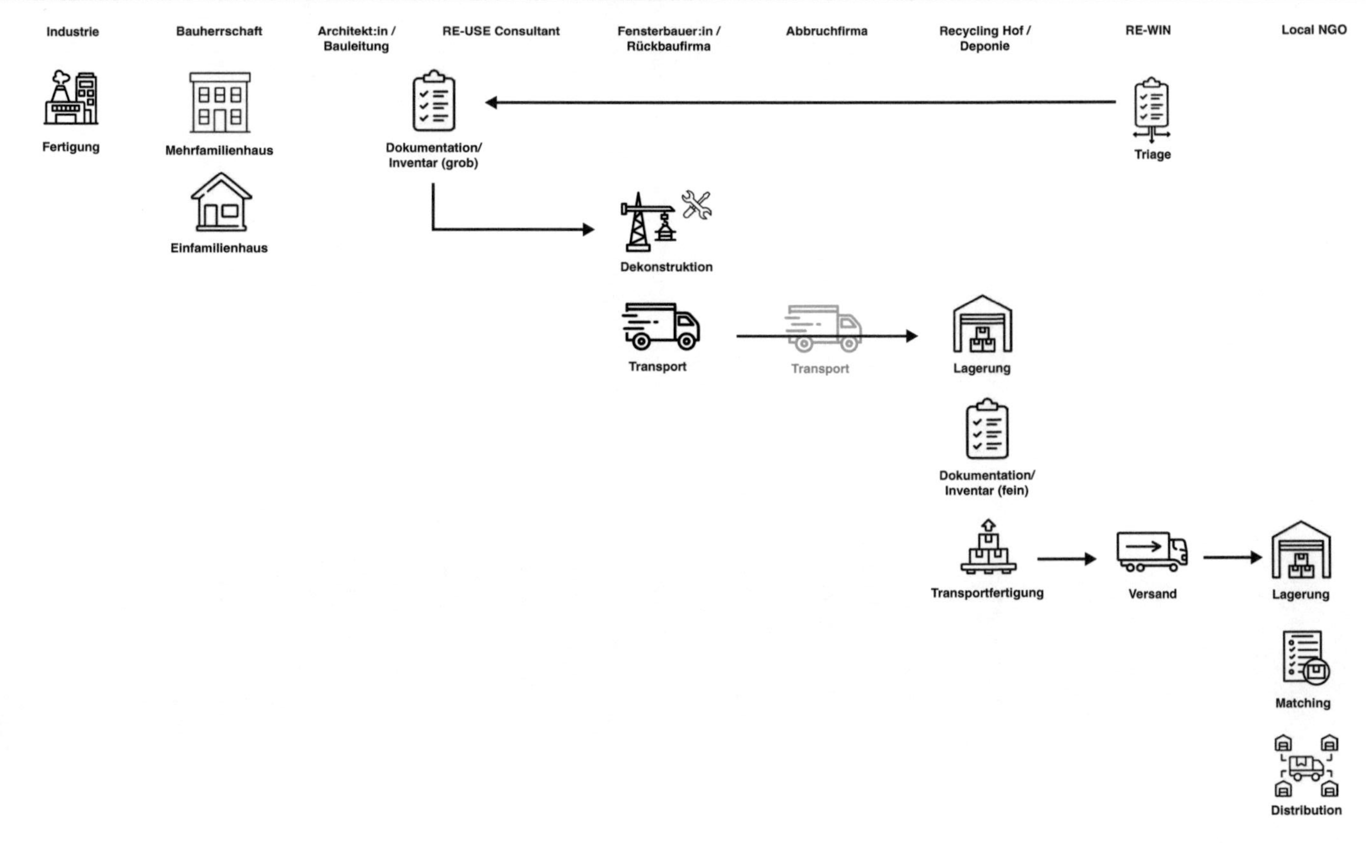

Fazit:

Positiv: Die Zusammenarbeit zwischen RE-WIN und Stalder Tiefbau hat sich als äusserst effizient erwiesen. Die Aufgaben zur Annahme und Bereitstellung der Fenster wurden pflichtbewusst und sorgfältig umgesetzt. Die Mitarbeitenden konnten die Arbeiten ergänzend zum laufenden Betrieb durchführen. Logistische Herausforderungen wie Auf- und Ablad, die für RE-WIN ohne diese Art der Zusammenarbeit oft anspruchsvoll sind, wurden durch das Vorhandensein passender Maschinen und Personal problemlos umgesetzt. Der Bauherrschaft konnten eine Abholung direkt von der Baustelle und eine effiziente Entsorgungslogistik angeboten werden, was RE-WIN allein aufgrund fehlender eigener Fahrzeuge nicht möglich wäre. Die üblichen Annahmezeiten im Recyclinghof boten Fensterspendenden maximale Flexibilität und minimierten Planungs- sowie Übergabeaufwand. Ausserdem konnten die Fenster vor Ort effizient triagiert werden, um die RE-WIN-Anforderungen sicherzustellen und für eine unkomplizierte «Entsorgung» mit nur einer Destination zu gewährleisten. Das notwendige Know-how zur Fensteraufbereitung und Dokumentation konnte von RE-WIN schnell vermittelt werden, sodass die ersten 137 Fenster am 18.10.24 bestens vorbereitet übernommen werden und in die Ukraine transportiert werden konnten. Zudem erwies sich Stalders Fachwissen als sehr wertvoll für die herausfordernde Logistik an der Floraweg-Baustelle. Kurz: Die Zusammenarbeit bietet Potenzial für weitere Effizienzsteigerungen.

Herausforderungen: Drei Herausforderungen haben sich herauskristallisiert: Erstens verfügt Stalder Tiefbau nicht über palettentransportfähige Fahrzeuge und muss diese anmieten. «Dies sei jedoch in der Branche üblich und stelle daher kein Problem dar» - so Christoph Stalder. Zweitens setzen die hohen Fixkosten der Lagerhalle einen kontinuierlichen Materialfluss voraus und erhöhen das finanzielle Risiko bei Verzögerungen. Es wäre demnach sinnvoll, eine kostengünstigere Lagerlösung zu finden. Drittens gestaltete sich die Annahme kleiner Fensterlieferungen teilweise noch umständlich, da Fensterböcke und standardisierte Abläufe, um den Aufwand zu reduzieren, fehlten. Dass Christoph Stalder gelernter Schreiner ist und somit ein grundlegendes Verständnis für Fenster mitbringt, ist daher ein Glücksfall, der in der Entsorgungsbranche nicht üblich und im Einzelfall bei der Kompetenzentwicklung berücksichtigt werden muss.

Bild: Uwe Schnetgöke (RE-WIN)

5. RE-USE Höfe (zukünftig)

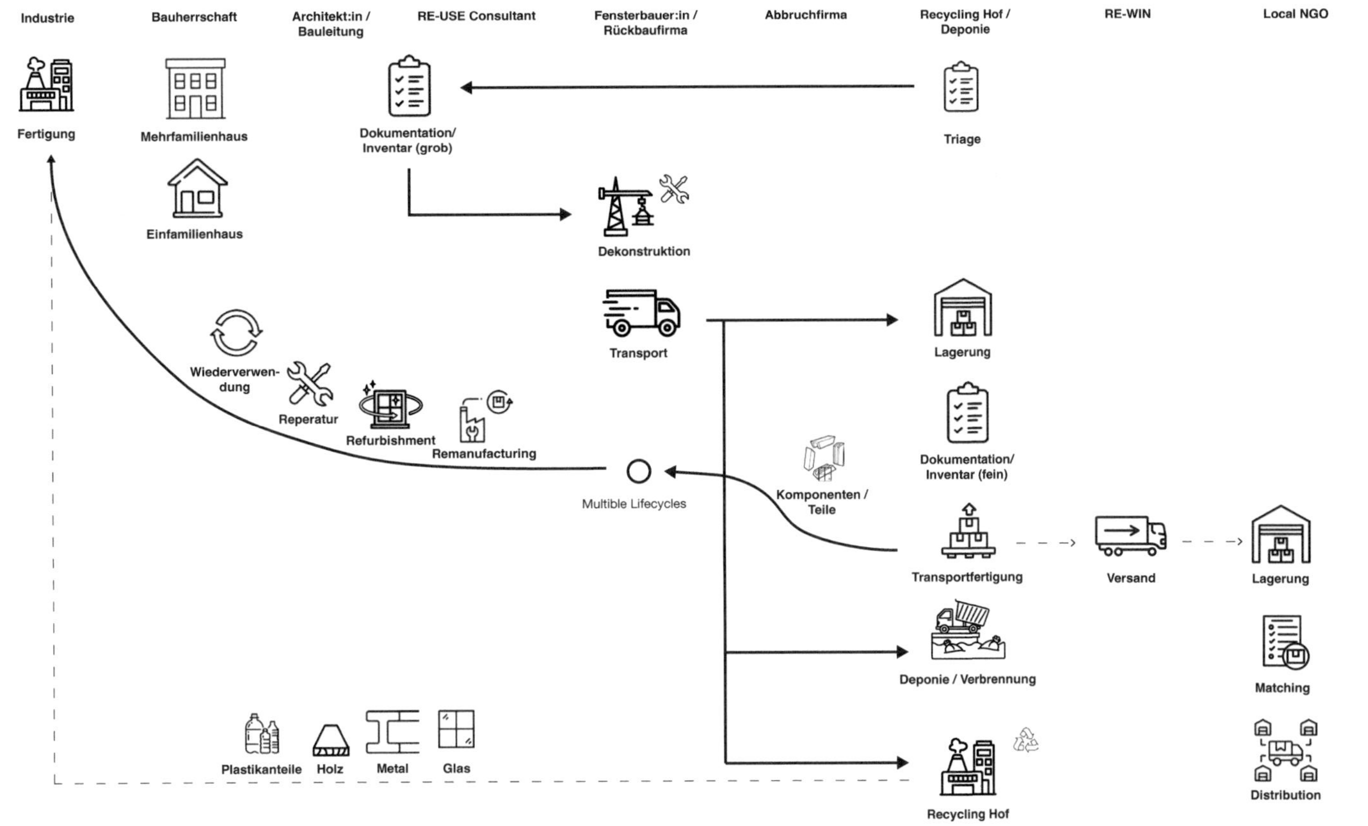

INTERVIEW

Christoph Stalder - Stalder Tiefbau

Geführt von Felix Dillmann - (aus dem Schweizerdeutsch übersetzt)
Ort: Schüpfheim, 18.10.24

Überblick über das Gespräch:

Bei unserer Initiative Fenster für die Ukraine machen wir viele Erfahrungen, die für die Wiederverwendung in der Schweiz wertvoll sind. Daher haben wir ja das Projekt RE-USE Höfe gestartet, bei dem wir die Rolle von Zwischenlagern in zirkulären Materialnetzwerken und Lieferketten untersuchen. Ein zentrales Thema dabei ist die Zusammenarbeit zwischen Baustelle und Rückbaulogistik sowie die Bewirtschaftung eines Bauteillagers und der Schnittstelle zum Recyclinghof. Du bist Geschäftsleiter von Stalder Tiefbau, ein Tiefbau, Abbruch und Recyclingunternehmen und hast die letzten 6 Monate das gemeinsame Sammellager betrieben. Dabei war vorwiegend das Projekt Floraweg mit 290 Fenster eine bedeutende Materialmine und einige kleine einzelne Spender:innen. In diesem Zusammenhang hast du die Transportlogistik der Fenster Floraweg organisiert, Fensterspenden im Lager angenommen und dabei einige wertvolle Erfahrungen gesammelt – insbesondere, was die Koordination neuer Prozesse angeht, die für die Wiederverwendung von Fenstern notwendig sind, sowie die Rolle, Funktion und Anforderungen an die materialgerechte Lagerung von Fenstern gesammelt, die für die Wiederverwendung bestimmt sind.

Teil 1: Organisation und Infrastruktur des Lagers

1. Könntest du beschreiben, wie dein Lager funktioniert und organisiert ist?
   (Wie läuft der tägliche Betrieb?)

cs:
Das Lager grenzt direkt an unseren Werkhof an und wir können es mit dem Stapler vom Hof her bedienen. Wir tendieren darauf, die Lieferanten zu bitten, die Fenster palettiert anzuliefern, da wir zeitlich gar nicht so viel Kapazitäten haben dies zu machen.

2. Was benötigst du an Infrastruktur, Flächen und Maschinen, um Materialien wie Fenster korrekt zu lagern, zu prüfen und für die Wiederverwendung bereitzustellen?
   (Welche Standards oder Verfahren sind besonders wichtig, um die Qualität der Bauteile und Effizienz der Handhabe zu sichern?)

cs:
Das Lager steht in Schüpfheim, etwas ausserhalb vom Dorf, ist nahe der Strasse und somit gut zufahrbar mit Lastwagen. Es ist ein neues Gebäude, also eigentlich eine traumhafte Halle, die im Moment leer steht und auf Mieter wartet. In dem Sinne könntest du es besser nicht haben – wir haben sogar Bodenheizung. Für die Verpackung der Lose erhaltenen Fenster benötigt es etwas Holz, eine Akkumaschine, etwas Schrauben und ein Apparat zum Binden. Also alles, was wir ohnehin vorhanden haben. Wir mussten nichts davon kaufen. So konnten wir es ganz einfach vorbereiten. Der Aufwand war relativ klein und das Werkzeug bescheiden. Beim Floraweg war es etwas anders. Da haben wir die Fenster abgeholt. Dafür haben wir mit dem Kranlastwagen inkl. Anhänger die Fenster abgeholt, mit dem Stapler abgeladen, hier noch inventarisiert und beschriftet.

fd:
Gab es etwas, was auffiel, das ihr vermisst habt oder ihr gerne gehabt hättet? Oder etwas, was überhaupt nicht nötig gewesen wäre?

cs:
Es müsste jetzt nicht zwingend eine geheizte Halle sein mit Bodenheizung. Aber nein, es hat gut gepasst.

3. Welche Fähigkeiten sollte ein professioneller Betreiber eines Bauteillagers für Fenster deiner Meinung nach haben, jetzt basierend auf den Erfahrungen mit dem Floraweg und den kleineren Positionen?
   (Sind technische Fähigkeiten wichtiger oder geht es auch stark um Management und Logistik?)

STALDER
Linde

cs:
Es braucht jemand, der Verantwortung über-
nimmt, damit es sauber gemacht ist. Ich habe
das Gefühl, je sauberer es gemacht wird und
vorbereitet wird, desto besser gehen die folgenden
Arbeitsschritte wie Transport etc. Dazu braucht es
eine Hilfsperson, die anpacken hilft, Fenster heben
mag und etwas den Akkuschrauber bedienen
kann. Ein Staplerfahrer ist natürlich noch gut.

fd:
Wir haben euch ein A4 mit einer rudimentären
Tabelle gegeben zum Ausfüllen und Dokumen-
tieren. Wie seid ihr mit euren Systemen darauf
eingerichtet? Wie würdet ihr das handhaben?

cs:
Ja, ich sage, das System ist einfach, dass ihr
uns da vorgegeben habt. Absolut machbar und
dennoch braucht es einen gewissen Aufwand die
Fenster zu prüfen und messen, zu beschreiben
und beschriften. Aber es klappt gut, wenn wir das
nun weiterführen würden – also, wenn wir dürften
… - dann könnten wir das so übernehmen. Was
nicht schlecht wäre, wäre, wenn wir einen digi-
talen Katalog ausfüllen und die Informationen
direkt digital festhalten könnten.

4. Standort: Als Recyclingunternehmer, wie bestimmt ihr euren Standort, was sind massgebende Faktoren etc. Was wäre der ideale Standort?

cs:
Das hat sich natürlich ergeben, da wir von hier
sind und unser Geschäft hier haben. Aber auch
vom Land her es darf nicht im Dorfkern sein. Es
sollte in dorfnähe sein aber auch nicht zu weit
weg. Es muss gut zugänglich sein und auch im
Winter gereinigte Strassen haben.

fd:
Was ist denn eure Reichweite, die ihr bedient?

cs:
Wir sind vorwiegend regional tätig, in der Region
Entlebuch. Teilweise sind wir aber auch kantonal.

Teil 2: Betrieb und Erfahrungen

5. Was waren deine wichtigsten Beobachtungen und Erkenntnisse während des Betriebs? (Gibt es spezifische Herausforderungen, die du erkannt hast?)

cs:
Was man merkt ist, ist, dass es nicht so leicht ist
zwischen der Kommunikation mit dem Bauleiter,
dem, der die Fenster herausnimmt, bis es zu uns
kommt. Beim Floraweg beispielsweise waren
wir einmal vor Ort, ich habe es mir angeschaut,
mit den Fensterbauern und dann hat das top
funktioniert. Er wusste, was wir wollen und ich
wusste, was er will. Bei Willisau beispielsweise
war es ganz schwierig. Ein dauerndes hin und
her und wir konnten nicht sagen, in welchem
Zustand wir die Fenster gerne holen würden,
beziehungsweise wie sie vorbereitet sein sollten.

fd:
Damit im Zusammenhang. Die Floraweg Baustelle
war von sehr viel Terminverschiebungen domini-
ert. Der anfängliche zweiwöchentliche Takt, der
geplant war, konnte schnell nicht mehr einge-
halten werden. Einmal waren es vier Paletten
(32 Fenster), die abgeholt werden sollten, beim
nächsten Mal waren es gleich 8 (64 Fenster) und
nun gibt es einen mehrwöchigen Unterbruch.

cs:
Das spielt uns keine Rolle. Wir wussten zwei Tage
voraus, dass wir eine gewisse Anzahl Paletten
abholen sollen und das funktionierte problemlos.
Beim letzten Mal wurde gesagt, dass acht Pal-
etten bereitstehen also haben wir den Anhänger
mitgenommen und das funktionierte tip top. Uns
spielt keine Rolle, ob wir jede Woche kommen
oder alle drei Wochen eine grössere Ladung.
Es ist etwas günstiger weniger Grössere zu ma-
chen, aber von der Organisation ist es egal. Es
wäre grundsätzlich gut zu wissen, dass in den
nächsten 3-4 Monaten ca. x Transporte anstehen
und nicht nur drei Paletten kommen. Das ist
gut, wenn man es weiss, aber der Bauleiter hat
das gut mitgeteilt. Er hat immer ca. eine Woche
voraus eine Schätzung kommuniziert und dann
nochmals bestätigt. Aber das hatte auch ich bei
ihm so angemeldet.

6. Bei der Floraweg Baustelle hatten wir ja auch noch die Rückbaufachkräfte, die in der Schnittstelle zwischen dem Fensterbauer und dir gearbeitet haben. Wie hat die Zusammenarbeit mit dir funktioniert?

cs:
Mit ihnen hatten wir indes nicht viel zu tun, ausser, dass sie beim Laden geholfen haben. Sie haben die fertig gepackten Fensterblocks am vereinbarten Ort bereitgestellt und ich konnte es problemlos abholen. Du kannst nachher schauen, die waren tiptop palettiert, stabil und sauber gepackt. Das war super, das muss ich sagen.

7. Welche Schwierigkeiten oder Herausforderungen haben dich oder deine Mitarbeiter während des Betriebs am meisten gefordert? (Gab es logistische Probleme oder Schwierigkeiten in der Zusammenarbeit mit anderen Akteuren?)

cs:
Das eine ist sicher einmal die Zeit. Wir haben gar nicht die Zeit dafür. Das machen wir etwas zwischendurch. Das andere, die grösste Schwierigkeit ist, wenn die Leute kommen und das Fenster abladen und dann erst sagen, dass sie noch ein Fenster hätten. Dann müssen wir es wieder aufladen und zur richtigen Stelle fahren. Das verursacht uns doppelte Arbeit. Idealerweise würden sie direkt zur richtigen Einfahrt fahren oder alternativ wir hätten Böcke oder Ähnliches bereitstehen. Das vielleicht nochmal als Nachtrag für die Infrastruktur, die wir bräuchten. Einzwei Böcke wären gut. Wir haben in erster Linie Mulden. Dann haben wir auch festgestellt, dass die Leute die Fenster am liebsten nicht zusammengesetzt bringen, da sie schwer sind. Und wir müssen sie dann wieder zusammensetzen was sehr viel Aufwand ist, wenn es mehrere Fenster sind. Ich bin zum Glück gelernter Schreiner, daher geht es noch und ich fand raus, welcher Flügel in welchen Rahmen gehört.

fd:
Das heisst zusätzlich etwas Fachwissen bezüglich Fenster wäre nicht schlecht.

8. Wer waren die Hauptakteure, mit denen du am meisten interagiert hast? Kannst du einige Einblicke oder Erfahrungen darüber teilen? (Arbeitest du hauptsächlich mit Bauherren, Entsorgungsunternehmen oder anderen Fachleuten zusammen?)

cs:
Wie gesagt, beim Floraweg war es in erster Linie die Bauleitung, mit dem Architekten hatte ich eigentlich gar nichts zu tun. Nach dem ersten Meeting mit den Fensterbauern war das auch klar. Ansonsten waren es Private, die angeliefert haben. Die wollten einfach mal abladen. Da war jetzt noch die Schwierigkeit, dass sie die Fenster kostenlos abladen wollten, wir aber etwas anderes vereinbart hatten. Was ich mir aber noch dachte, wenn einer mit dem Auto und dem Anhänger von Nidwalden ins Entlebuch fährt, dann zweifle ich etwas an der Sinnhaftigkeit. Seine Zeit ist mir ja recht, das muss er sagen, aber die Umweltverschmutzung, die er für ein Fenster verursacht.

fd:
Wir errechneten, dass du mit dem Fenster inkl. Transport in die Ukraine immer noch 91% einsparst.

cs:
Auch der Fensterbauer von Nebenan hat bereits angefangen seine Fenster inkl. Rahmen bei ums abzustellen, anstatt bei uns in die Mulde zu werfen. Damit spart er sogar noch die Entsorgung.
9. Gibt es etwas, das dir in deiner Arbeit fehlt, wenn wir das Ziel der Wiederverwendung in der Schweiz haben? Was würdest du dir für den Betrieb oder das Netzwerk wünschen? (Fehlen dir Ressourcen, spezifische Technologien oder ein besserer Austausch mit Partnern?)

cs:
Ich glaube, das würde sich ergeben. Man hätte das Bedürfnis die Qualität möglichst hochzuhalten und würde den Kontakt zu den Rückbaufachkräften suchen. Man würde kontrollieren, wie sie demontiert werden, palettiert, etc. Das würde sich daher automatisch ergeben. Also wir würden bis in die Baustelle gehen wollen, um Qualitätssicherung zu machen. Das würde aber auch bedeuten, dass wir das Fachwissen dafür bräuchten. Das natürlich auch hinblicklich,

was für eine Qualität wir verkaufen wollen. Die Fenster müssten soft ausgebaut und geschützt transportiert werden. Wenn das verschlagen und verdrückt wäre, ist das nicht mehr brauchbar hier. Von dort aus würden wir es sorgfältig lagern. Danach würde es möglicherweise ein Fensterbauer wieder montieren.

10. Mit Blick auf die zeitliche Dimension. Der Floraweg hat mit vielen Verschiebungen viel Spontanität erfordert. Wie war das für euch, darauf zu reagieren im Kontext eures bestehenden Betriebs? Wo siehst du deine Rolle in dem Prozess der Wiederverwendung?

cs:
Klar ist einmal zur Lagerung. Aber unsere Rolle wäre auch als «Verhinderer», dass etwas weggeworfen wird, was noch funktioniert – dass dies wiederverwendet wird und wieder eingesetzt werden kann.

fd:
Ihr arbeitet damit aber auch in dem Spannungsfeld zwischen Angebot und Nachfrage. Verschiedene Timelines zerren an euch. Wie würdet ihr auf die Fluidität der Baubranche reagieren, wenn die Nachfrage euch unter Druck setzt, aber die angebotenen Fenster sich verzögern.

cs:
Ich denke, da müssten wir ein gutes Teilzeitmodell erarbeiten, um spitzen zu decken. In der Regel ist der Bau saisonal. Im Recycling arbeiten wir mit Haufen von Materialien. Wir bereiten das Material auf, wenn wir nicht mehr so viel haben und wieder etwas Reserven bauen müssen. Dann können die sicher Bestellen. Das spielt uns nicht so eine Rolle.

fd:
Ihr arbeitet also saisonal unterschiedlich mit Reserven und azyklisch.

cs:
Genau. Du musst ja auch abschätzen können, was der Absatz sein wird. Du kannst nicht einfach 4000 Fenster auf Lager nehmen, ohne den Absatz zu kennen. Wir müssen da auch Reserven aufbauen, ohne genau zu wissen, sondern

mit Erfahrungswerten. Bei einer Krise sitzt man dann halt mal auf dem Haufen und muss ihn gegebenenfalls verschenken oder zum Selbstkostenpreis weitergeben. Das ist uns aber zum Glück noch nie geschehen.

fd:
Was würde das bedeuten?

cs:
Nicht gerade Konkurs, aber du hättest für den Moment weniger Einnahmen und Umsatzverluste. Aber dafür bauen wir auch finanzielle Reserven auf.

Teil 3: Zukunft der Wiederverwendung von Bauteilen

11. Lass uns einen Blick in die Zukunft werfen. Ihr habt ein Land in Aussicht, das eingezont werden soll und auf dem ihr jetzt überlegt, was ihr darauf organisiert Wie stellst du dir die Wiederverwendung parallel zum Recycling vor?

cs:
Das ist für uns so geplant, dass die neue Halle auf dem neuen Land einen Teil haben mit einer Annahmestelle. Diese funktioniert ähnlich wie jetzt fürs Recycling. Wir werden aber Flächen haben auf denen Sachen eingestellt werden können, die noch brauchbar sind. Wir machen viel Wohnungsräumungen, bei denen sehr gute Materialien verfügbar werden. Damit ist dort die Idee, dass wir triagieren, was wegsoll und was in den Wiederverkauf soll. Entweder ist dann einiges gratis zum Mitnehmen oder zum Verkaufen.

fd:
Gratis zum Mitnehmen würde das für euch wirtschaftlich aufgehen?

cs:
Ja, da sie ja die Entsorgung zahlen. Diese ist so berechnet, dass wir die Materialien weiterverarbeiten können und beispielsweise der KVA auch wieder zahlen müssen, um es weiterzugeben. Das ist dort eingerechnet. Diese Kosten hätten wir ja nicht und somit wäre unser Aufwand finanziert. Damit haben wir einerseits den Transport auf

der Strasse nicht und andererseits die Entsorgungskosten nicht.

Hier müssen wir uns aber distanzieren vom Konzept der Brockenstuben. Wir haben schon oft versucht, mit ihnen zu arbeiten, um ihnen Möbel zu geben. Die möchten das nicht. Die Brockenhäuser sind voll. Sie sammeln aber auch Einzelstücke und nicht repetitive, standardisierte Objekte. Wir würden da mehr auch auf Baumaterialien gehen, Verbrauchsmaterialien, oder Türen, die ggf. 10-Jährig sind, aber sehr gut funktionieren, mit doppelten Dichtungen etc. Dafür müssten wir jedoch auch schauen, dass es kommuniziert wird, dass wir es auf Lager haben. Aber das sehe ich absolut. Wir würden da gerne näher mit Planern zusammenarbeiten, dass sie ihre Wünsche kommunizieren, wir können dann entsprechendes Material zunehmen und sie können dann wiederum aus unseren Lagerbeständen wählen.

Abschluss:

Vielen Dank, Christoph, für deine Zeit und für das Teilen deiner wertvollen Einsichten. Ich denke, dass deine Erfahrungen und Beobachtungen einen wichtigen Beitrag für unser RE-USE Höfe Projekt leisten werden.

SCHER PLUS
LÖTSCHER
041 259 07 77

ERNTEN UND SAMMELN

2.3.1 RÜCKBAU

PREDEMOLITION AUDIT: Der Pre-Demolition-Audit ist „[…] eine von qualifiziertem Personal durchgeführte Untersuchung zur Bestimmung der Materialmenge in einem Gebäude vor dessen Abriss oder Rückbau. Sie hilft dabei, Materialien innerhalb des Gebäudes zu identifizieren, die wiederverwendet oder umgenutzt werden können. Die Bestandsaufnahme sollte die geschätzten Mengen der Materialien, qualitative Informationen und Optionen für die Entsorgung/Verwertung enthalten. Ausserdem sollte sie alle erforderlichen Informationen über die Umweltauswirkungen der Entsorgung oder Behandlung der anfallenden Abfälle enthalten"[1].

Ein Pre-Demolition-Audit stellt also eine erste Triage dar, mit der sich die Verfügbarkeit und das Potenzial zur Wiederverwendung der Materialien abschätzen lassen. Durch eine ergänzende Vor-Ort-Begutachtung und detaillierte Auswahl kann effizient eine präzisere Triage erfolgen, um den Rückbau bzw. Abbruch auszuschreiben..

WER: In der Linearwirtschaft wird der Abbruch durch Abbruchunternehmer durchgeführt. Diese folgen der Rückbaulogik mit dem Mehr-Mulden-Prinzip. Diese Rückgewinnungsmethode eignet sich jedoch hauptsächlich für die stoffliche Rückgewinnung durch Recycling oder die thermische Verwertung durch Verbrennung. Der Wert des Objekts wird auf diese Weise durch den Abbruch schlagartig auf den Materialwert reduziert, da seine Form und Funktion zerstört werden. Eine sorgfältige Rückgewinnung, wie sie bei Fenstern angestrebt wird, zeigt, dass Abbruchunternehmen derzeit oft nicht über die erforderliche Sensibilität, die Fachkenntnisse oder die geeigneten Werkzeuge verfügen, um Fenster intakt auszubauen. Für diese Aufgaben sind Fensterbauer oder spezialisierte Rückbaufirmen besser geeignet. Letztere vereinen verschiedene Gewerke und können unterschiedliche Rückbautätigkeiten durchführen. Alternativ könnten Abbruchunternehmen, die gezielt auf diese Aufgaben vorbereitet und dafür motiviert sind, ebenfalls in der Lage sein, Fenster fachgerecht auszubauen.

---

1   European Decontamination Institute https://www.decontami-nationinstitute.org/industry/general-information/audit-and-assesment/genreal-information-about-pre-demolition-audit/ (Stand 22.11.2024)

Fenstertypologie
Pos. 1   67   80Stk.   S_51_D_052
                          S_51_D_056
Pos. 2   44   57Stk.   S_51_D_058
Pos. 3   495Stk.   S_51_D_061
Pos. 4   15   17Stk.   S_51_D_063
Pos. 5   0   17Stk.   S_51_D_065
Pos. 6   19   36Stk.   S_51_D_067
Pos. 7   20   25Stk.   S_51_D_069
Pos. 8   80   169Stk.   Fenster ohne Aufnahmen

RE-WIN
290 Stk. Okey
Zu gross für den Transport in die UA

Pos. 1
swisscom
RAIFFEISEN
Pos. 5
Fassade 2 | Bahnhofstrasse

Pos. 2
HOFSTRASSE
FLORAWEG
Schnitt C mit Fassade 5

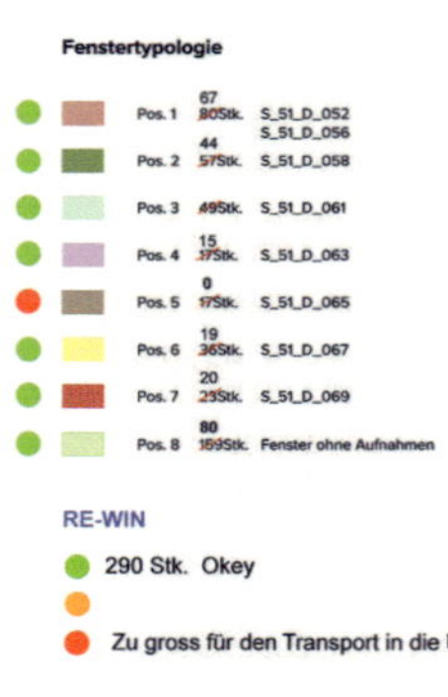

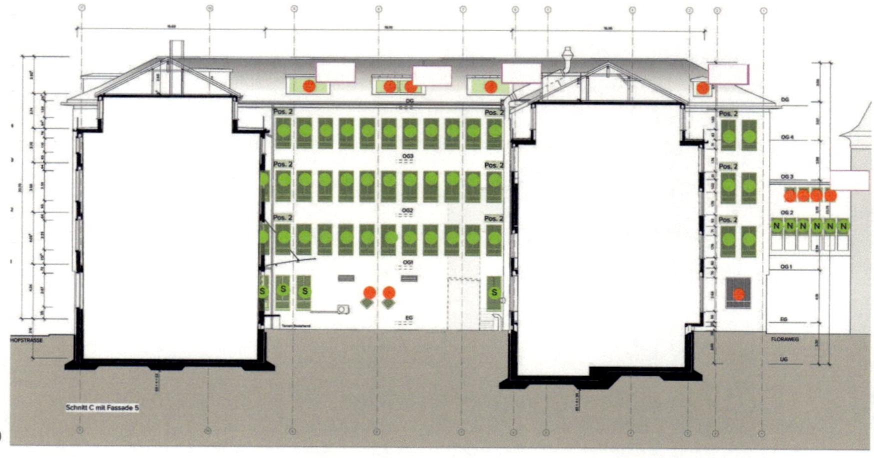

Triage P70

Fassade 3 | Floraweg

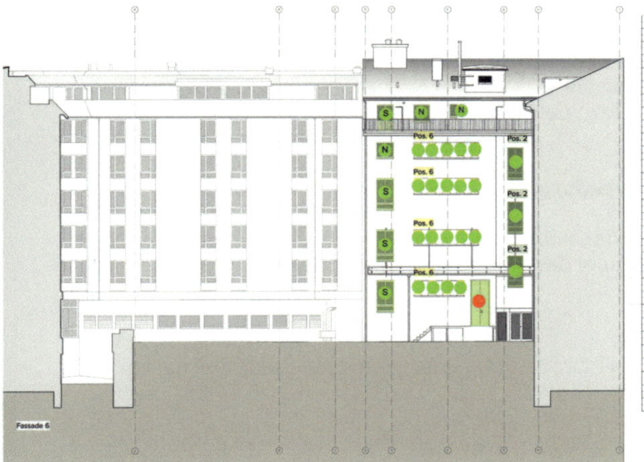

Fassade 6

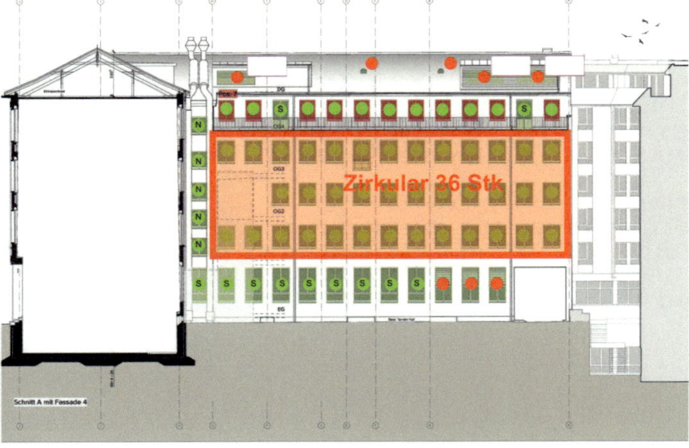

Zirkular 26 Stk
Schnitt A mit Fassade 4

INTERVIEW

Bruno Hermann & Mirco Balinzo - A4 Architekten

Geführt von Felix Dillmann - (aus dem Schweizerdeutsch übersetzt)
Ort: Schüpfheim, 18.10.24

Überblick über das Gespräch:

Für unser Projekt RE-USE Höfe untersuchen wir die Rolle von Zwischenlagern in zirkulären Materialnetzwerken und Lieferketten.

Ihr seid die Architekten des Projekts P70_Floraweg und habt euch aktiv dafür eingesetzt, dass die dort ausgebauten Fenster wiederverwendet werden. Im heutigen Gespräch möchten wir über eure Erfahrungen sprechen und darüber, welche Herausforderungen und Chancen ihr in der Wiederverwendung seht.

Das Interview ist in drei Teile gegliedert:
      1. Eure Rolle in der Wiederverwendung
      2. Herausforderungen und Erkenntnisse
      3. Zukunftsperspektiven der Wiederverwendung

Teil 1: Eure Rolle in der Wiederverwendung

1. Welche Rolle hattet ihr als Architekten und Initiatoren bei der Wiederverwendung der Fenster?

bh:
Bislang war die Wiederverwendung von Fenstern in der Baupraxis kaum ein Thema. Wir sind mit unserem Büro A4 Architekten seit über 30 Jahren tätig, aber Begriffe wie Zirkularität, graue Energie und Ressourcenschonung haben erst in den letzten Jahren an Bedeutung gewonnen.

Beim Projekt Floraweg standen wir plötzlich vor einer neuen Situation: Eine Baustelle mit einer Laufzeit von fünf Jahren und über 400 Fenstern, die durch neue ersetzt werden sollten. Die Fenster mussten ohnehin erfasst und ausgeschrieben werden. Und in diesem Prozess haben wir begonnen, uns zu fragen: Was passiert eigentlich mit all diesen Fenstern?
Von offizieller Seite gab es dazu wenig Interesse. In Ausschreibungen heisst es schlicht: „Fensterersatz inkl. Entsorgung/Rückbau." Das bedeutet in der Praxis, dass funktionierende Fenster einfach vergraben und verbrannt werden.

Das hat uns nachdenklich gemacht. Wir wollten den Rückbau anders gestalten – als sorgfältige Demontage. Also haben wir das so in die Ausschreibungsunterlagen geschrieben. Doch die Tragweite dieser Formulierung wurde kaum wahrgenommen – weder von der Bauherrschaft noch von den Unternehmen.
Am Ende war es ein Verhandlungsthema mit dem Fensterbauer: Was bedeutet sorgfältige Demontage? Was kostet das? Hätten wir das früher explizit geklärt, wäre es einfacher gewesen und es hätte einen Wettbewerb gegeben. Aber auch die Unternehmen haben oft noch wenig Erfahrung mit solchen Prozessen.

Unsere Bauherrschaft – eine Pensionskasse – hatte kein Budget für diese Mehrkosten. Sie sind verpflichtet, ihr Geld gewinnbringend anzulegen. Die Zahlen wären im Gesamtprojekt kaum ins Gewicht gefallen, aber es gibt für so etwas einfach keine Finanzierungsstruktur. Vielleicht braucht es hier neue Modelle, damit kreislauffähige Lösungen Platz bekommen werden.

fd:
Wäre es einfacher gewesen, wenn es als normale Baukostenposition aufgeführt worden wäre?

bh:
Ja, dann hätte es Platz gehabt. Aber im aktuellen System ist Wiederverwendung eben kein Standardprozess.
Schlussendlich hat uns die Bauherrschaft die Fenster als «Spende» überlassen – aber bis zu diesem Punkt war es ein langer Weg.

Teil 2: Herausforderungen und Erkenntnisse

2. Welche Herausforderungen haben euch besonders überrascht?

mb:
Der erste Schritt war der schwierigste: den richtigen Ansprechpartner zu finden. Es gibt in dem Sinne keinen der verantwortlich ist. Ich habe viele Telefonate geführt und Pläne verschickt,

bis endlich eine Lösung in Sicht war. Das dauerte zwei Monate – und in dieser Zeit hatte ich ständig das Gefühl, wir sind zu spät dran.

Sobald wir dann aber mit euch und Zirkular Ansprechpartner hatten und klar war, dass eine Wiederverwendung in Aussicht steht, lief alles super. Anfangs war das alles noch etwas chaotisch, aber mittlerweile sehen wir, wie viel Engagement, Herzblut und Wissen dahintersteckt. Heute verstehen wir auch viel besser, warum das so lange gedauert hat. Auf eurer Seite gibt es unglaublich viel Arbeit zu koordinieren – ihr müsst riesige Mengen an Bauteilen organisieren, logistisch umsetzen und flexibel auf Änderungen reagieren.

Ein Beispiel: Eine Woche vor dem geplanten Rückbau erfuhren wir, dass 60 Fenster doch nicht demontiert werden. Das Projekt lief seit drei Jahren, und plötzlich ändert sich der Plan. Solche Unsicherheiten erschweren die Organisation enorm.
Wir sehen jetzt aber auch: Wenn etwas Kosten verursacht, wird es sorgfältiger geplant. Die Entsorgung ist heute zu billig – das ist ein Problem. Würde sie teurer, würde das automatisch mehr Wiederverwendung anstossen.

3. Gab es auch etwas, das einfacher war als gedacht?

mb:
Ja, jetzt am Ende des Projekts finde ich es überraschend einfach!

Nachdem wir mit euch vor Ort waren, war schnell klar, wie die Fenster richtig demontiert, gebunden und gelagert werden müssen. Und es hat richtig Spass gemacht zu sehen, wie sich ein Teamspirit entwickelt.

Auch der Fensterbauer, der am Anfang sehr skeptisch war, hat am Ende erkannt, dass er mehr macht als nur Fenster auszutauschen. Auch auf der Baustelle hat sich eine positive Stimmung entwickelt. Der Bauleiter, der anfangs noch skeptisch war und sich über den Mehraufwand und Platzprobleme beschwert hatte, ist inzwischen überzeugt. Er sieht, dass das System funktioniert – und dass es eine Wertschätzung für Materialien gibt, die in klassischen Bauprozessen oft fehlt.

Teil 3: Zukunftsperspektiven der Wiederverwendung

4. Wie seht ihr eure Rolle als Architekten, um die Wiederverwendung voranzubringen?

bh:
Beim Projekt Floraweg wollten wir versuchen, die alten Fenster als Bürotrennwände wiederzuverwenden – fast wie ein Tetris-System. Aber das wurde wegen schalltechnischer Bedenken verworfen.

Es ist ein Umdenken nötig: Wir sind es gewohnt, freie Luftschlösser zu entwerfen. Die Wiederverwendung von Bauteilen stellt uns dabei vor eine ganz neue Denkweise. Wir müssen unsere Inspiration aus anderen Quellen schöpfen und eine neue Ästhetik entwickeln. Auch innerhalb unseres Büros gibt es dazu unterschiedliche Meinungen.

Ein zentraler Punkt ist die Unvorhersehbarkeit: Wir sagen unseren Bauherren oft, dass sie offen für das Endergebnis sein müssen – denn auch wir wissen nicht genau, wie es aussehen wird. Mit wiederverwendeten Bauteilen wird diese Unsicherheit noch grösser. In vielen Fällen können wir uns erst kurz vor der Umsetzung auf das Materialangebot stützen, das tatsächlich verfügbar ist. Vielleicht müsste sich auch der Bewilligungsprozess verändern: Statt alles bis ins letzte Detail zu planen, könnte man zuerst eine Volumen- und Konzeptbewilligung einholen und die konkrete Materialplanung erst danach machen.

5. Was möchtet ihr abschliessend noch ergänzen?

bh:
Ja, ich finde das Ganze eigentlich irrsinnig.
Wir können jetzt die Fenster wiederverwenden, anstatt sie einfach auf den Müll zu werfen – was allein schon viel Freude macht. Darüber hinaus gibt es auch noch den humanitären Aspekt: Die Fenster werden in der Ukraine weiterverwendet, wo sie dringend gebraucht werden.

Es motiviert, wenn man sieht, wie viele Menschen involviert sind und wie wir gemeinsam etwas anstossen. Gleichzeitig lernen wir alle viel über nachhaltiges Bauen.

Bild: Uwe Schnetgöke (RE-WIN)

Ob ein sorgfältiger Rückbau einen erheblichen Mehraufwand bedeutet, hängt stark von der Einbauweise und den Anforderungen des Projekts ab. In Fällen, bei denen die Fassade erhalten bleiben musste, war ein behutsamer Rückbau zum Schutz der Fensterlaibungen ohnehin notwendig. Aufgrund mangelnder Daten und Transparenz ist es derzeit schwierig, den Mehraufwand bei Gesamtabbrüchen quantitativ einzuschätzen; dieser muss im Einzelfall geprüft werden. Erfahrungen zeigen dennoch, dass der sorgfältige Ausbau von Fenstern inklusive Rahmen oft nur geringfügig aufwendiger als ein herkömmlicher Ausbau ist und teilweise sogar schneller durchgeführt werden kann, da Fachleute mit Kenntnissen über Schraubenpositionen und Montagetechniken das gewaltsame und irrtümlicherweise überraschend aufwändige. Entfernen umgehen können.[1]

«ICH DENKE, ES IST WIRKLICH NICHT EIN GROSSER MEHRAUFWAND. ES IST MEINER MEINUNG NACH SOGAR EINFACHER UND ANGENEHMER FÜR DIE ARBEITER, DIE FENSTER SAUBER AUSZUBAUEN UND SCHRAUBEN ZU LÖSEN, ALS MIT ROHER GEWALT DIE FENSTER ZU VERSUCHEN AUSZUSTEMMEN...»[2]

SIMON EGGER - KOORDINATOR RE-WIN LAGER BUCHS

1   i.d.R anwendbar bei Wechselrahmen oder Sani-
erungsfenster. Eingeputzte Fenster sind i.d.R
deutlich teurer im Rückbau.
2   Interview mit Simon Egger

WIE: Der sorgfältige Rückbau – gegebenenfalls inklusive Palettierung – wird im Rahmen eines Vergabeverfahrens ausgeschrieben. Jedes Material folgt dabei einer eigenen Logik, um Transport und Lagerung möglichst effizient zu gestalten. Erfolgt der Transport direkt von der Baustelle zur Einbaustelle (in unserem Fall zum Verteillager in der Ukraine), sollten die Fenster bereits auf der Baustelle transportsicher auf Paletten fixiert werden. Bei kleineren Materialmengen oder bei einer Sammlung im RE-USE-Lager bringen die Gewerke die Fenster entweder selbstständig ins Lager oder lassen sie durch die Rückbaulogistik dorthin liefern. Dabei ist eine gute Planung der Rückbaulogistik sowie der verfügbaren Flächen auf der Baustelle wichtig.

WANN: Der Rückbau von Baumaterialien benötigt in der Regel mehr Zeit als ein konventioneller Abbruch. Im Bauprozess selbst entstehen jedoch oft zeitliche Freiräume, in denen zusätzliche Rückbauarbeiten durchgeführt werden können, ohne den Ablauf massgeblich zu verzögern, vorausgesetzt, der Rückbau wird mitgedacht und die Kommunikation zwischen den rückbaubeteiligten Gewerken und der Bauleitung wird gefördert. Im Falle eines Abbruchs werden die Fenster meist bis zum Abschluss der Asbestsanierung benötigt, sie können jedoch im Verlauf der Sanierungsarbeiten nach und nach ausgebaut werden. Ebenso gibt es Phasen während der Baustelleneinrichtung durch das Abbruchunternehmen, in denen für einige Wochen keine weiteren Gewerke auf dem Gelände tätig sind. Sobald der Abbruchunternehmer jedoch bereit ist, geht es schnell und es können höchstens Rückbauarbeiten mit dem etappierten Abbruch abgestimmt werden. Bei Sanierungen und Fensteraustausch werden die alten Fenster im Rahmen der Neueinbauarbeiten ausgebaut. Der Rückbau kann dabei parallel zum Einbau der neuen Fenster erfolgen, wobei die Verzögerungen durch die Unterstützung von ergänzenden Rückbaukräften minimiert werden können.

«DAS ERSTE, WAS ICH SAGEN MÖCHTE, IST, DASS ES ETWAS KURZFRISTIG KAM. HÄTTE MAN DAS BEREITS FRÜHER IN DER PLANUNG GEWUSST, HÄTTE MAN DAS NOCH ETWAS ELEGANTER AUFGLEISEN KÖNNEN...»[3]

ANDRE GASSER - BAULEITER FLORAWEG

HILFESTELLUNG AUSSCHREIBUNG FÜR FENSTERRÜCKBAU BEI UA-
TRANSPORT AB BAUSTELLE:

Demontage und Palettierung von occ. Fenstern

Zerstörungsfreie Demontage und transportfähige Fixierung auf Europaletten

- Die Fenster werden fachgerecht demontiert (inkl. Wetterschenkel) und
  relevante lose Kleinteile wie z.B. Griffe in Schachteln deponiert und
  beigelegt. So, dass eine Wiedermontage problemlos möglich ist.
- Die Fenster werden mit eingehängten Flügeln zweckmässig für den
  Transport auf Europalletten fixiert. Es ist darauf zu achten, dass die
  Fenster - bis auf kleinere Kratzer - nicht weiter beschädigt werden.
- Die Kosten für Anfahrt, Verschleiss-/Verpackungs-
  und Kleinmaterial sind im Preis inbegriffen.
- Die Kosten für die Beladung des Sattelschleppers sind im Preis inbegriffen
  (Gabelstapler oder Kran). Der Sattelschlepper ist allseitig beladbar.

HILFESTELLUNG AUSSCHREIBUNG FÜR FENSTERRÜCKBAU BEI TRANSPORT
AN SAMMELLAGER RE-WIN:

Demontage und Lieferung von occ. Fenstern

Zerstörungsfreie Demontage und Lieferung zu RE-WIN Sammellager

- Die Fenster werden fachgerecht demontiert (inkl. Wetterschenkel) und
  relevante lose Kleinteile wie z.B. Griffe in Schachteln deponiert und
  beigelegt. So, dass eine Wiedermontage problemlos möglich ist.
- Die Flügel sollen für den Transport zum Sammellager in den Rahmen
  eingehängt werden, um Beschädigung zu minimieren. Es muss kein
  Polstermaterial verwendet werden, es ist jedoch darauf zu achten, dass
  die Fenster - bis auf kleinere Kratzer - nicht weiter beschädigt werden.
- Die Kosten für Anfahrt zum Sammellager RE-WIN ist im Preis inbegriffen.

Fenstermonteur
Rückbaufachkraft
TEUPE.CH
Bild: Félix Dillmann (RE-WIN)

RÜCKBAUFACHKRAFT: Die Kreislaufwirtschaft erfordert technische Fähigkeiten, die derzeit bei den Arbeitskräften nicht vorhanden oder keinem Gewerk zugeschrieben sind. Firmen wie Wick-Upcycling oder die Bauteilbörsen haben sich darauf spezialisiert, Rückbauarbeiten durchzuführen. Auf der Baustelle Floraweg arbeiten Fensterbauer und ukrainische Baufachkräfte für die Fensterwiederverwendung zusammen: Der Fensterbauer baut die Fenster sorgfältig aus, um die neuen Fenster zu ersetzen; die Rückbaufachkräfte arbeiten ergänzend, um die Fenster materialgerecht für den Transport und die Lagerung zu sichern, zu prüfen und zu dokumentieren. Wick-Upcycling hat für RE-WIN bereits hunderte Fenster rückgebaut und dabei grosses Fachwissen gesammelt. Dieses vermitteln sie nun in ihrem Kompetenzzentrum für Rückbau an weitere Baufachleute.

«AM WICHTIGSTEN IST KREATIVITÄT IM HANDWERK.»[4]
AYRA TICE - BAUTEILBÖRSE

FACHKRÄFTEMANGEL: Der Fachkräftemangel in der Baubranche steigert die Baukosten und verhindert dienstleistungsintensive Wirtschaftsmodelle wie die Wiederverwendung. Um dem bereits kritischen Fachkräftemangel entgegenzuwirken, haben wir für den Rückbau im Floraweg geflüchtete ukrainische Baufachleute gewinnen können. Diese haben Arbeiten geschickt und sorgfältig ausgeführt und zugleich eine Möglichkeit zur Integration erhalten.

«DIE SIND GEKOMMEN, HABEN IHRE SACHE GEMACHT UND SIND WIEDER GEGANGEN. [...] VON DEM HER FUNKTIONIERTE AUCH DEREN ZUSAMMENARBEIT MIT DEM FENSTERBAUER HAUPT GUT. ES HAT AUCH KEINEN AUF DER BAUSTELLE GESTÖRT, DASS DIE AUCH NOCH DA WAREN. GANZ IM GEGENTEIL, SIE HABEN NOCH GEHOLFEN UND GUTE LAUNE VERBREITET.)»[5]
ANDRE GASSER - BAULEITER FLORAWEG

INTERVIEW

Andre Gasser – S+B Baumanagement

Geführt von Felix Dillmann - (aus dem Schweizerdeutsch übersetzt)
Ort: Digital, 17.10.24

Überblick über das Gespräch:

Bei unserer Initiative Fenster für die Ukraine machen wir viele Erfahrungen, die für die Wiederverwendung in der Schweiz wertvoll sind. Daher werden wir von InnoSuiss für das das Projekt RE-USE Höfe gefördert, bei dem wir die Rolle von Zwischenlagern in zirkulären Materialnetzwerken und Lieferketten untersuchen. Ein zentrales Thema dabei ist die Zusammenarbeit zwischen Baustelle und Rückbaulogistik. Du bist Bau- und Projektleiter bei S+B Baumanagement, die bereits an mehreren Projekten mit beteiligt waren. Aktuell bist du verantwortlich für die innerstädtische Baustelle am Floraweg, nahe dem Bahnhof Luzern, wo 290 Fenster ersetzt werden. In diesem Zusammenhang hast du den Rückbau der Fenster organisiert und dabei einige wertvolle Erfahrungen gesammelt – insbesondere, was die Rückbauplanung und die Koordination neuer Prozesse angeht, die für die Wiederverwendung von Fenstern notwendig sind. Ich würde heute gerne mit dir über diese Erfahrungen in 3 Teilen sprechen.

Teil 1: Organisation und Anforderungen des Rückbaus

1. Könntest du uns beschreiben, was das Ziel, die Tätigkeiten und die Prozesse sind, die durch das Rückbaubedürfnis auf der Baustelle entstanden?
   (Wie hat sich der Ablauf auf der Baustelle verändert oder angepasst, um auf unser Bedürfnis der Wiederverwendung einzugehen?)

ag:
Das Erste, was ich sagen möchte, ist, dass es etwas kurzfristig kam. Hätte man das bereits früher in der Planung gewusst, hätte man es etwas eleganter aufgleisen können. Der Unternehmer war da und rechnete damit, dass alle Fenster in den Abfall gehen. Dann heisste es auf einmal aber «jetzt musst du»… Das hat etwas Unruhe gegeben, aber das hat sich auch schnell wieder gegeben. Ansonsten war der Aufwand bezüglich

Koordination meinerseits etwas, schauen, dass die Rückbauhilfskräfte, die ihr organisiert habt, gut arbeiten können. Die Fenster wurden vom Fensterbauer auf die Paletten gestellt. Ich habe auch mit dem Fensterbauer geredet und er meinte: «das war ein kleiner Aufwand, die kurz auf die Paletten zu stellen». Es hat am Anfang nach viel mehr ausgesehen und man hat dann festgestellt, dass es viel leichter geht, als man dachte. Es hat auch noch nie jemand gemacht. Ansonsten war der Aufwand für mich nicht so gross. Es war etwas Koordination, etwas telefonieren und mit dem Fensterbauer zu schauen, wo wir den Platz auf der Baustelle haben. Es hat sich aber recht in Grenzen gehalten.

2. Was benötigst du an Infrastruktur und Flächen auf der Baustelle, um Materialien wie Fenster zu sammeln, dass sie nicht einfach in der Mulde landen, sondern für die Wiederverwendung bereitgestellt werden können?
   (Gibt es spezielle räumliche oder logistische Anforderungen?)

ag:
Was bei mir etwas problematisch ist, die Lagerfläche auf der Baustelle, aber das wird wohl immer etwas so sein bei innerstädtischen Baustellen. Ich muss die Fenster lagern können, da das Geld fehlt, damit die regelmässiger abgeholt werden können. Das ist ein Lagerproblem, das man in Zukunft etwas besser koordinieren kann. Aber auch da findet man bestimmt Lösungen.

fd:
Das heisst, die grosse Veränderung war, dass man etwas mehr Fläche benötigte als bei der Mulde.

ag:
Genau, die wird wöchentlich, beziehungsweise wenn sie voll ist, abgeholt ist und es wird eine neue hingestellt. Jetzt ist es so, dass wir zwei Wochen Unterbruch haben. Die zwei Paletten draussen, die stehen nun da. Die Mulde wäre abtransportiert worden und käme am Mittwoch wieder, oder wenn sie sie brauchen. Es ist jetzt

nicht tragisch. Aber ab dem 4.11 wird es noch voller, weil noch mehr Mulden für die anderen Unternehmen kommen sollen und wir schlicht keinen Platz haben.

fd:
Dann wäre das Ziel, dass wir noch kleiner, bzw. noch häufigere Frequenzen zu haben, um die Fenster auf den Paletten abholen zu lassen?

ag:
Wenn das eine Möglichkeit ist.

Teil 2: Zusammenarbeit und Optimierungspotenzial

3. Bezogen darauf, gibt es von deiner Seite her etwas zu beachten? Gab es Herausforderungen oder Erkenntnisse, die uns vielleicht nicht bewusst waren, die aber für das Management einer Rückbaustelle von Bedeutung sind?
    (Waren bestimmte Prozesse vielleicht komplexer oder unerwartet simpel?)

ag:
Gerade das mit der Lagerung und dem häufigeren Abtransport. Man müsste mit dem Transporteur verhandeln, resp. auch er muss schauen, dass er mit den Kosten auskommt. Vor allem der Stalder ist nicht gerade vor Ort. Schüpfheim ist nicht gerade in Luzern. Aber ja, da gäbe es sicher noch Potenzial, das man verbessern könnte. Auf dem Land wäre es einfacher mit der Zwischenlagerung auf der Baustelle. Man könnte dem Nachbarn dann auch etwas zahlen für die Zwischenlagerung und sich somit lange Transportwege sparen.

4. Was würdest du ein nächstes Mal anders machen? Gibt es etwas, was du dir in dieser Zusammenarbeit oder für die Baustellenlogistik gewünscht hättest?
    (Vielleicht zusätzliche Ressourcen, klarere Prozesse oder andere Optimierungen?)

ag:
Ein nächstes Mal, würde ich es gerne früher wissen. Dazu braucht es die Unternehmer von Anfang an. Vielleicht sehen die, die ideale Situation und schlägt eine günstigere Version vor. Das musst du immer mit allen Beteiligten zusammen ausdiskutieren, wie es am besten geht. Man kann jetzt nicht eine Pauschallösung sagen. Es ist immer etwas ein Miteinander und Absprechen.

5. Wie hat die Zusammenarbeit mit dem Entsorgungsunternehmer Stalder funktioniert? Gibt es Vorschläge oder Ideen, wie man diese Zusammenarbeit optimieren könnte?

ag:
Die hat sehr gut funktioniert. Meistens am Mittwoch rief er an und ich meinte, es hat noch keine Fenster am Freitag, dann hat er die Woche drauf wieder gefragt. Letztes Mal meinte er, er käme um 13:00, dann stand er um 11:30 schon da. Als ich um 12:00 kam, waren die Fenster schon weg. Das hat tiptop geklappt, wirklich super. Er ist auch ein sehr angenehmer. Er war am Anfang einmal da, hat sich die Situation angeschaut und entsprechend das Fahrzeug gewählt. Es war wirklich einwandfrei, das muss ich sagen!

fd:
In diesem Sinne gibt es keinen Optimierungsraum oder Besserungsvorschläge?

ag
Nein, was jetzt die Arbeit mit Stalder betrifft, das Zusammenspiel hat wirklich super gepasst. Da sehe ich nichts, das man optimieren könnte.

6. Wie hat die Zusammenarbeit mit dem Fensterbauer Haupt funktioniert? Gibt es Vorschläge oder Ideen, wie man diese Zusammenarbeit optimieren könnte?
    (Gab es bestimmte Schnittstellen oder Prozesse, die besonders gut oder weniger gut funktioniert haben?)

ag:
Auch wirklich sehr gut. Man muss sagen, die die hier vor Ort waren haben schnell gemerkt, es braucht ja gar keinen grossen Aufwand, weil die Fenster ohnehin heruntergetragen werden müssen. Ob sie sie jetzt in die Mulde werfen oder direkt auf die Palette stellen, ist etwas «Hans was Heiri» (gleichgültig). Von dem her hat es wirklich gut funktioniert. Es war auch eine sehr gute Kommunikation mit dem Unternehmer.

fd:
Was würdest du sagen, war der Grund, dass es so gut funktionierte?

ag:
Man muss einfach miteinander reden, dass man Probleme schnell lösen kann. Ich muss aber auch

sagen, es kommt immer auf den Unternehmer an und den Projektleiter. Wenn der querstellt, dann funktioniert es nicht. Aber die hier haben sich nun wirklich gut herausgestellt, sehr kommunikativ, das war mit dem Haupt so sehr gut. Wie es mit einem anderen Fensterbauer ist, das weiss man nicht und muss man dann wieder rausfinden, wenn es so weit ist.

fd:
Gibt es etwas mit der Zusammenarbeit, das nicht so gut funktionierte oder besser machen könnte?

ag:
Nein wirklich gar nichts!

7. Wie hat die Zusammenarbeit mit ukrainischen Rückbauhilfskräften funktioniert? Gibt es Vorschläge oder Ideen, wie man diese Zusammenarbeit optimieren könnte?
(Gab es bestimmte Schnittstellen oder Prozesse, die besonders gut oder weniger gut funktioniert haben?)

ag:
(Lacht) tönt gut! Ja, die sind gekommen, haben ihre Sache gemacht und sind wieder gegangen. Von dem her. Ist das alles zusammen tiptop gelaufen. Sie haben die Fenster gepackt, befestigt und für den Transport bereitgestellt. Sie sind ja von euch organisiert, wurden wöchentlich aufgeboten und sind verlässlich gekommen. Hauptsächlich konnte das meine Securitas organisieren, ihnen die gelagerten Geräte und Materialien geben, die bei mir in der Bauhütte lagerten. Dann haben sie hier gearbeitet und sind frohen Mutes wieder gegangen. Von dem her funktionierte auch deren Zusammenarbeit mit dem Fensterbauer Haupt gut. Es hat auch keinen auf der Baustelle gestört, dass sie auch noch da waren. Ganz im Gegenteil, sie haben noch geholfen und gute Laune verbreitet. Alles sehr gut.

fd:
Wir haben ursprünglich geplant, dass sie zweimal die Woche kommen und dem Fensterbauer zuarbeiten. Der Fensterbauer würde, mit seinem Fachwissen, die Fenster zurückbauen und die zuarbeitenden Tätigkeiten (Heben, Palettieren, Reinigen, Verpacken, etc.) würden durch sie ausgeführt. Wir haben nun trotzdem sehr schnell gemerkt, dass der Fensterbauer recht viel selbst macht, ausser Verpacken, Reinigen und Bereit-

stellen. Dies hat nun doch dazu geführt, dass wir die Hilfskräfte weniger benötigten.

ag:
Ja, es ist irgendwie auch logisch. Der Fensterbauer baut 2-3 Fenster pro Tag aus und baut die neuen gleich wieder ein, damit am Abend das Gebäude wieder geschlossen ist. Damit war es eigentlich für den Fensterbauer gleichgültig. Er hat mir gesagt «ich nehme die Fenster ohnehin raus und muss sie heruntertragen. Ob ich sie jetzt auf eine Palette stelle oder in eine Mulde werfe, kommt etwa aufs Gleiche. Der zeitliche Aufwand ist ungefähr gleich.»

fd:
Das aber natürlich unter der Bedingung, dass es sich um einen Fensterersatz handelt. Wäre es ein Abbruch,..

ag:
Ja, dann wäre es eine andere Situation. Aber hier sind auch die Auflagen von Seite Gebäude ganz klar, dass abends das Gebäude wieder geschlossen sein muss. Das spricht dafür, dass wir die nur herausnehmen, wenn man am Abend die neuen Fenster wieder einsetzt. Bei einem Umbau oder Sanierung ist es etwas anders als beim Abbruch. Übrigens werden bei mir bald noch zwei andere Gebäude abgebrochen. Da spreche ich den Projektleiter auch mal darauf an.

Teil 3: Blick in die Zukunft

9. Wir haben das Ziel, dass Gebäude und Bauteile in Zukunft nicht mehr abgerissen, sondern wiederverwendet werden. Wie würdest du dir den Ablauf aus deiner Perspektive oder Rolle wünschen, damit das in Zukunft reibungslos funktioniert?
(Was könnte aus deiner Erfahrung heraus verbessert werden, um den Rückbau und die Wiederverwendung in grossem Stil zu ermöglichen?)

ag:
Reden wir von Abbruch: Da ist sehr wichtig, dass ihr frühzeitig dazukommt. Dass man die ganze Abbruchplanung schon so planen kann. Einen Abbruch zu planen, macht man nicht in 5' ggf. ist es ein mehrjähriger Prozess. Beispiel bei einem Projekt von uns in Basel, da sind wir 2.5 Jahre

dran. Wenn ihr da frühzeitig dabei wärt, wäre das viel einfacher für die Planung und dann auch viel einfacher in der Umsetzung. Ansonsten muss man sagen, dass ob jetzt die Materialien in der Mulde liegen oder für die Wiederverwendung geholt werden, das sehe ich jetzt nicht unbedingt einen grösseren Aufwand. Wenn der Unternehmer eine Mulde bestellt, um die Ware wegzuwerfen, kann er auch gleich einen Lastwagen rufen, der die Materialien abtransportiert. Das ist etwas Aufwand mässig gleich. Wichtig ist, dass es in der Planung berücksichtigt werden kann und folglich auch gleich in der Vergabe so vergeben werden kann. So wissen auch alle direkt, was los ist und der Unternehmer kann sich mit seinen Leuten drauf einstellen.

fd:
Das ist dann auch eine finanzielle Frage. Der Fensterbauer Haupt hat am Anfang sehr gross offeriert und viel Aufwand berechnet. Nun haben wir gesehen, dass es gar nicht unbedingt Mehraufwand ist.

ag:
Deshalb sage ich, je früher angesprochen, desto besser kann sich der Unternehmer Gedanken machen, wie er seinen Aufwand kostengünstig machen kann. Ich habe ihn zu Beginn schon verstanden. Er konnte sich am Anfang gar nicht richtig vorstellen, was das für ein Aufwand auf ihn zukommt. Deshalb noch einmal. Je früher ihr im Boot drin sind, desto einfacher geht's danach.

Abschluss:

Vielen Dank, André, für deine Zeit und deine wertvollen Einblicke. Hast du noch etwas, was du noch gesagt haben möchtest oder erwähnen möchtest? Deine praktischen Erfahrungen und Vorschläge sind eine grosse Hilfe für unser RE-USE Höfe Projekt, um zukünftige Abläufe zu verbessern und zu optimieren.

ag:
Nein, soweit ist für mich alles gut. Es hat super geklappt, mit dir zusammen zu arbeiten. Und jetzt machen wir die restlichen Fenster noch fertig und schauen, dass es ein weiteres Mal gibt. Bei mir eventuell fraglich, da ich bald in Rente gehe, aber für S&B ist das bestimmt ein wiederkehrendes Thema ab jetzt. Basel haben wir gemacht und nun hier und auch wir sind natürlich drauf, die Sachen weiter zu verwerten. Als Baumanagement Firma ist uns nicht egal, was mit dem Material passiert. Ich sage mal wir sind alle noch etwas in den Kinderschuhen aber in 5-10 Jahren sieht das komplett anders aus! Dann komme ich dann als General Manager zu euch arbeiten (lacht).

Bild: Uwe Schnetgöke (RE-WIN)

STELLENPROFIL RÜCKBAUFACHKRAFT FENSTER

Aufgaben:

Sorgfältiger Rückbau von Bauteilen: Fachgerechte Demontage und Dokumentation von Bauelementen (z. B. Fenstern, Türen, Sanitärobjekten) für die Wiederverwendung. Dazu gehören der Ausbau, die Inspektion und gegebenenfalls die einfache Reparatur sowie die Sortierung von Bauteilen.

Flexibler Einsatz und kreative Problemlösung: Lösen unvorhersehbarer Herausforderungen während des Rückbaus wie unzugängliche oder schwer entfernbare Bauteile

Qualitätskontrolle und Bestandsführung: Prüfung und Dokumentation der Bauteile nach ihrem Ausbau, um Qualität und Verfügbarkeit zu beschreiben

Logistische Aufgaben: Mithilfe beim Transport und Einlagern der Bauteile sowie beim Be- und Entladen von Lieferungen

Kooperation mit Bauleitern und anderen Fachkräften: Zusammenarbeit mit Abbruchunternehmen und Handwerksbetrieben zur Planung und Koordination des Rückbaus und der Wiederverwendung

Anforderungen:

Idealerweise Berufserfahrung oder Ausbildung in einem handwerklichen Bereich wie Schreinerhandwerk, Fensterbau oder Bauwesen

Handwerkliches Geschick und Lösungsorientierung sowie Fähigkeit, sich auf die Demontage von unterschiedlich verbauten Materialien (verschraubt, verschweisst, verklebt) einzustellen und Probleme kreativ zu lösen

Umgang mit Maschinen: Sicherer Umgang mit Akkuschrauber, Tigersäge und Geissfuss

Team- und Kommunikationsfähigkeit: Fähigkeit zur Zusammenarbeit mit anderen Akteuren auf der Baustelle

INTERVIEW

Jakob Zschunke - Wick Upcycling GmbH

Geführt von Felix Dillmann - (aus dem Schweizerdeutsch übersetzt)
Ort: Online, 23.10.24

Überblick über das Gespräch:

Für unser Projekt RE-USE Höfe möchten wir die Rolle von Zwischenlagern in Zirkulären Materialnetzwerken und Lieferketten untersuchen. Dabei sind die Schnittstellen zu den Baustellen und Baufachleuten relevant, um die Entsorgung von Materialien zu verhindern und zurückzugewinnen. Du bist Mitarbeiter Wick-Upcycling, bist ausgebildeter Forstwart mit langjähriger Holzbauerfahrung. Du hast in den vergangenen 2 Jahren bei Hochhäusern wie der Plattenstrasse oder Grossbaustellen wie der Siedlung Pünt Abbruchbaustellen betreut und für die Initiative «Fenster für die Ukraine» Fenster sorgfältig rückgebaut. Dabei habt ihr nicht nur ein solides Fachwissen aufgebaut über die Materialgerechte Demontage, sondern seit gerade daran ein Kompetenzzentrum für Zirkuläres Bauen aufzubauen, wo ihr dieses Fachwissen vermitteln wollt. Über die Rolle von Rückbaufachkräften, deren Fähigkeiten und Anforderungen möchten wir gerne sprechen. Dafür habe ich 3 Teile vorbereitet:

Dafür habe ich 3 Teile vorbereitet: 1. Prozess und Erfahrungen 2. Infrastruktur und Ausrüstung 3. Zukunft der Wiederverwendung

Teil 1: Prozess und Erfahrungen

1. Könntest du uns beschreiben, wie ihr im Falle einer Anfrage für Rückbau vorgeht. Welche Arbeitsschritte nötig sind.

jt:
In der Regel machen wir zuerst eine Sondage, um sicher zu stellen, dass die Rückbaubarkeit gewährleistet ist und wir eine verlässliche Offerte machen können. Auf der Baustelle ist dann das Wichtigste, dass man eine ordentliche Triage macht. Meistens nimmt man nicht alle Fenster und gleichzeitig sind alle ähnlich. Dafür müssen Flügel und Rahmen markiert werden was rückgebaut werden soll und was in die Mulde kann. Danach geht es darum mit den entsprechenden

Werkzeugen die Fenster zurückzubauen, für den Transport und die sichere Lagerung vorzubereiten.

2. Wie sind die Schnittstellen zu den Baustellen, resp. zu uns «den Abnehmern» oder Firmen wie Zirkular organisiert?

jt:
Ein wichtiger Schritt ist es im Bauprozess den Richtigen Moment, den richtigen Slot zu erhalten. Aktuell ist unsere Arbeit in der Abbruchplanung nicht vorgesehen und keiner Weiss wann wir kommen sollen oder was es braucht wie Strom, etc. Meistens muss alles sehr schnell gehen und eine gute Planung ist sehr wichtig. Vor uns ist in der Regel die Asbestsanierung, die das ganze Gebäude abdichten muss. Währenddessen kann der Abbruch nicht arbeiten und alle anderen sind bereits durch. Sobald sie fertig sind, will der Abbruchunternehmer direkt beginnen. Allgemein muss sich das Etablieren, dass der Rückbau mit eingeplant wird. Das kann zum einen mehr Zeit auf der Baustelle erfordern aber eine gute Planung hält dies minimal bis vernachlässigbar.

3. Welche Schwierigkeiten oder Herausforderungen oder positiven Erfahrungen habt ihr während des Rückbaus oder der Vorbereitung gemacht, auf die ihr reagieren musstet? (Gab es logistische Probleme oder Schwierigkeiten in der Zusammenarbeit mit anderen Akteuren oder der Terminplanung?)

jt:
Gerade mit der Zeitplanung ist eine gute Kommunikation das wichtigste. Oft muss kurzfristig reagiert werden. Der Baufortschritt kann oft nicht auf den Tag geplant werden und die anderen Akteure müssen beobachtet werden. Aber das ist generell im Bau.

fd:
Auf der anderen Seite mit den Abnehmern, wie wir oder Zirkular, die die Materialien weitervermitteln.

jt:
Da ist wichtig, dass sie sicher regelmässig auf die Baustelle kommen und mitschauen, dass die Qualität begutachtet wird, dass es wirklich so umgesetzt wird wie man es sich vorstellte. Können die Materialien Funktionstüchtig ausgebaut werden, und lohnt es sich noch, wenn doch bsp. eine Küche beim Rückbau kaputt geht.

Dazu eine Schwierigkeit, die immer wieder kam, ist die Logistik auf der Baustelle. Zwischen den Baggern und grossen LKWs sind wir, die einen sorgfältigen Rückbau machen wollen immer etwas benachteiligt und haben nicht genug Platz oder es werden stressige Situationen für Verlade kreiert, die mit guter Kommunikation vorgebeugt werden können.

4. Gabe es etwas was überraschend Einfach ging, oder ihr mit der Zeit merktet, dass es leichter ging als erwartet?

jt:
Ja es kommt sehr auf die Fenster drauf an. Ich bin immer wieder überrascht, dass viele Fenster leichter ausbaubar sind als erwartet.

5. Ihr habt teils Schulter an Schulter mit Abbruchunternehmen und Fensterbauern gearbeitet. Wie habt ihr euch mit ihnen organisiert? Gab es Konfliktpunkte oder Synergien, die ihr nutzen konntet oder gerne genutzt hättet?

jt:
Synergien sind sicher, wenn wir Maschinen wie Stapler nutzen können von den Abbruchunternehmern. Wir hatten auch schon Momente, dass man sich Transporte teilen konnte, wenn er Material auf die Baustelle fährt und wir seine Leerfahrt für den Abtransport nutzen können.

6. Welche Fähigkeiten sollte eine Rückbaufachkraft für Fenster deiner Meinung nach haben?

jt:
Wichtig ist, dass sie den sicheren Umgang mit den Handwerkzeugen beherrschen. Ansonsten ist ein etwas systematisches Verständnis von Vorteil, wie das Material ursprünglich verbaut wurde. Ansonsten braucht es Handwerkliches Geschick.

Teil 2: Infrastruktur und Ausrüstung

7. Was für Maschinen, Geräte, Ausrüstung war von euch gefordert, damit ihr Fenster zur Wiederverwendung materialgerecht Demontieren und Bereitstellen konntet? (Gab es etwas was ihr vermisst habt oder sehr gerne hättet?

jt:
Die zwei wichtigsten sind ein Akkuschrauber zum Schrauben entfernen und ein Geissfuss zum Herausheben der Rahmen. Manchmal eine Tigersäge zum Schneiden von Schrauben, wenn sie nicht entfernbar sind oder auftrennen von Silikon und Bauschaum.
Dazu braucht es Verbrauchsmaterial wie Paletten, Folien und Gebindesets.
Ein Wunsch für die Zukunft wäre auch, wenn wir mit Hebebühnen die Fenster von aussen abtransportieren könnten und nicht einzeln über 7 Stockwerke tragen müssten.

8. Gibt es noch etwas, was ich nicht gefragt habe, du aber gerne Ausdrücken möchtest?

jt:
Was wichtig zu erwähnen wäre ist, ist das alle auf der Baustelle frühzeitig Bescheid wissen, dass eine Wiederverwendung vorgesehen ist und die Materialien mit entsprechender Vorsicht behandeln und nicht während den vorgehenden Arbeiten beschädigen. Dafür müssten die Bauleitung sicher involviert wären und wir Teil von Bausitzungen werden würden.

Teil 3: Blick in die Zukunft

9. Wie stellst du dir die Zukunft der Wiederverwendung von Bauteilen in der Schweiz vor? Wie siehst du deine Rolle im Materialnetzwerk oder wo und wie findest du sollte eine Rückbaufachkraft eingesetzt werden, um Wiederverwendung skaliert zu ermöglichen?

jt:
Ich fände es wertvoll, dass der Rückbau auch Teil des Aufbaus wird. Dass man merkt man nimmt nicht nur etwas auseinander, sondern ist Teil eines Schaffensprozesses. Es ist sonst wie keine vollendete Arbeit. Aber das bin vielleicht auch ich und meine Wuscharbeit.

2.3.2 TRANSPORT

Die Baustellenlogistik hat verschiedene Problematiken und Möglichkeiten:

LAGERUNG BAUSTELLE: Auf der Baustelle ist in der Regel nur sehr wenig Stellfläche für die Sammlung der Materialien verfügbar. Teilweise können umliegende Flächen, Parkplätze oder Strassenabschnitte dazu gemietet werden oder als temporäre Stellflächen genutzt werden, was sich aber auf die Baukosten auswirkt. Innerstädtische Baustellen haben zudem limitierte Anfahrtszeiten und sind teilweise mit grösseren Fahrzeugen schwer zugänglich. Im Falle eines Abtransportes in die Ukraine reichen ca. 50m2 gut zugängliche Stellfläche mit Zufahrt für Sattelschlepper. Innerstädtische Baustellen wie beispielsweise jene im Floraweg können jedoch teils nur mit einem 20t Fahrzeug zugefahren werden und die Stellfläche ist auf ca. 15m2 = 3 klein Mulden = 10 Paletten limitiert.

TRANSPORTIERENDES GEWERK: Bei Sanierungen bringt der Fensterbauer die neuen Fenster auf die Baustelle und kann auf der Rückfahrt die gleichen Fensterböcke mit den Fenstern beim RE-USE-Hof gegen einen leeren Bock eintauschen (Beispiel L205_Dornacherstrasse). Der Transportaufwand gegenüber der Entsorgung ist also gleichwertig. Bei Abbruchgebäuden bietet sich der Entsorgungsunternehmer als Logistiker für die Rückführung der Materialien zum RE-USE-Hof an. Im Falle des Beispiels Floraweg werden Fenster eingebaut, allerdings bietet sich terminlich und örtlich die Abholung durch den Entsorgungsunternehmer Stalder Tiefbau an. Dieser holt alle zwei Wochen sämtliche auf Paletten bereitstehende Materialien ab und sammelt diese auf dem RE-USE-Hof. Bei kleineren EFH-Rückbauten werden die Fenster in der Regel vom Fensterbauer auf den gleichen Fensterböcken gesammelt wie die neuen Fenster angeliefert werden. Dieser gibt die Fenster wie gewohnt beim Recycling-Hof / RE-USE-Hof ab. Ein derartiger Transport sorgfältig palettierter Fenster ist deutlich effizienter und günstiger als ein Transport in Mulden.

Ladeberechnung Baustelle - Lager					Restlänge	Auslastung
TR1	2.62	2.62			0.26	95%
	2.62	2.62			0.26	95%
	2.62	2.62			0.26	95%
TR2	2.62	2.62			0.26	95%
	2.62	2.62			0.26	95%
	2.62	2.57			0.31	94%
TR3	2.57	2.57			0.36	93%
	2.57	2.57			0.36	93%
	2.57	2.6			0.33	94%
TR4	1.45	1.45	1.6	0.8	0.2	96%
	1.45	1.45	1.6		0.2	96%
	1.45	1.45	1.6		0.2	96%
TR5	2.8	2.6			0.1	98%
	1.5	1.55	1.55		0.9	84%
	1.5	1.55	1.55		0.9	84%
TR6	1.55	1.55	reserve		2.4	56%
	1.55	2.8	reserve		1.15	79%
	2.6	reserve	reserve		2.9	47%

2.4m

5.5m

Transportplanung mit Kranfahrzeug von Baustelle zum RE-USE Hof

VERPACKUNGSFORM: Die Verpackungsform ist materialspezifisch und sollte hinsichtlich der Vorbereitung, Transportstabilität und Lagerung möglichst einfach und effizient gestaltet werden. Die Fenster werden als stabile Monoblocks vorbereitet. Dabei wird eine Palettenbreite von 80 cm eingehalten und die unterschiedlichen Längen füllen die Fahrzeuglänge möglichst optimal aus.

RE-WIN hat seit seinem Bestehen verschiedene Verpackungsformen getestet und die Platzeffizienz um etwa 50 % gesteigert, was die Transportkosten halbiert hat. Zudem konnte der Materialaufwand um ca. 75 % reduziert und die Zeiteffizienz um etwa 85% erhöht werden.

«DIE, DIE HIER VOR ORT WAREN, HABEN SCHNELL GEMERKT, ES BRAUCHT JA GAR KEINEN GROSSEN AUFWAND, WEIL DIE FENSTER OHNEHIN RUNTERGETRAGEN WERDEN MÜSSEN. OB SIE SIE JETZT IN DIE MULDE WERFEN ODER DIREKT AUF DIE PALETTE STELLEN, IST ETWAS «HANS WAS HEIRI» (GLEICHGÜLTIG).»[1]
ANDRE GASSER - BAULEITER FLORAWEG

1. Palette ggf. mit Dachlatte (80cm) vorbereiten.

2. 8-10 Fenster aufreihen → ganzer Block aufrichten und angemessene Zahl Umreifungsbänder oder Spannsets anziehen.

   (Mit Stahlbändern sorgfältig umgehen, um das Glass und den Rahmen durch den Druck nicht unnötig zu beschädigen.)

   !!! Die Palettenbreite von 80cm nicht überschreiten !!!

3. Diagonale Dachlatte (1.2m) mit mind. 4 Schrauben direkt im Rahmen befestigen.

   (Gegebenenfalls darauf achten, dass die Latten an den Seiten über Kreuz orientiert sind, um eine bessere Aussteifung zu gewährleisten. Bei Aluminium- und Kunststoffrahmen empfehlen wir die Verwendung von Selbstbohrschrauben. Bitte stellen Sie sicher, dass die Glasseinheit nicht durch die Schrauben beschädigt wird.)

Aus ökologischen Gründen und zur erleichterten visuellen Kontrolle auf eventuelle Transportschäden in der Ukraine bitten wir die Verwendung von sparsam einzusetzen oder, wenn möglich, ganz darauf zu verzichten.

Materialverbrauch pro Pallette:
Dachlatte:
    2x 80cm
    2x 120cm
Schrauben: 10St (Länge ca. 4.5cm)
Umreifung: Bandlänge = 2x Höhe + 160cm + 50cm Reserve

Anleitung zur transportfähigen Fixierung auf Paletten

: Philip Kaiser (Wick Upcycling)

Palettierung erste Transporte - Bild: RE-WIN

Qualität und Haltbarkeit

Uneinheitlichkeit: Wiedergewonnene Materialien stammen oft aus unterschiedlichen Quellen, was zu Schwankungen in Qualität und Haltbarkeit führt. Die Herausforderung besteht darin, sicherzustellen, dass die Materialien konsistent die Standards erfüllen, da Unregelmässigkeiten die Gesamtintegrität des Bauwerks beeinträchtigen könnten.

Verborgene Mängel und Kontaminationen

Unbekannte Herkunft: Die Herkunft und Historie wiedergewonnener Materialien sind oft schwer eruierbar. Verborgene Mängel oder Beschädigungen aus früheren Nutzungen können Risiken darstellen, die während der Bauphase möglicherweise nicht sofort erkennbar sind.

Gesetzeskonformität

Sich ändernde Standards: Bauvorschriften und Regularien sind in der Regel auf neue Materialien ausgelegt. Wiedergewonnene Materialien entsprechen diesen Standards oft nicht ohne Weiteres und erfordern daher eine sorgfältige Bewertung sowie gegebenenfalls Anpassungen, um den aktuellen gesetzlichen Anforderungen zu entsprechen.

Versicherung und Haftung

Risikowahrnehmung: Versicherer sehen die Verwendung von wiedergewonnenen Materialien oft als riskanter an als die Verwendung von Neumaterialien. Diese Wahrnehmung kann die Versicherungsdeckung und die Prämien beeinflussen und dadurch die Gesamtkosten des Projekts erhöhen.[1]

1   Wehner et al. 2024 - Reclaimed Construction Material Insurance (RCMI) - Concular

Fensterliste

Integrieren

Hauptansicht | RE-WIN | BTB | +

Neue(r/s) Element · Suchen · Person · Filter · Sortieren · Verbergen · Gruppieren nach · ...

Fenster

Element	Anzahl	Breite ...	U-Wert	Kategorie nach Re-Win	Glasaufbau	Öffnungsart	Material Konstru...	Standort
Kleiner Drehkipp...	3	194	1.2 - 1.8 W/m2K	4	Iso 2-Fachvergl...	Dreh-Kippflügel	Kunststoff	Re-Win Pratteln
Kleiner Drehkipp...	42	194	1.2 - 1.8 W/m2K	4	Iso 2-Fachvergl...	Dreh-Kippflügel	Kunststoff	Eingebaut
Kleiner Drehkipp...	15	194	1.2 - 1.8 W/m2K	4	Iso 2-Fachvergl...	Dreh-Kippflügel	Kunststoff	Bauteilbörse
Kleiner Drehkipp...	3	194	0.8 - 1.2 W/m2K	2	Iso 2-Fachvergl...	Dreh-Kippflügel	Kunststoff	Bauteilbörse
Kleiner Drehkipp...	18	194	1.2 - 1.8 W/m2K	4	Iso 2-Fachvergl...	Dreh-Kippflügel	Kunststoff	Bauteilbörse
Stulpenfenster	15	132	1.1 - 1.2 W/m2K	4+	Iso 2-Fachvergl...	Dreh-Kippflügel	Kunststoff	Eingebaut
Kleiner Drehkipp...	3	131	1.1 - 1.2 W/m2K	4+	Iso 2-Fachvergl...	Dreh-Kippflügel	Kunststoff	Re-Win Pratteln
Stulpenfenster	3	131	1.2 - 1.8 W/m2K	4	Iso 2-Fachvergl...	Dreh-Kippflügel	Kunststoff	Re-Win Pratteln
Kein Foto	3	131	1.2 - 1.8 W/m2K	4	Iso 2-Fachvergl...	Dreh-Kippflügel	Kunststoff	Aussenlager
+ Element hinzufügen								
	105 Summe	1.495 Summe						

+ Neue Gruppe hinzufügen

Auszug - Datenbank Bauteilbörse Overall + RE-WIN

Die meisten dieser Herausforderungen in Sachen Aufbereiten und Vertreiben lassen sich jedoch durch mehrstufige standardisierte Arbeitsabläufe bewältigen. Die erste Triage über die Funktionstüchtigkeit erfolgt noch im eingebauten Zustand. Der genaue Zustand lässt sich jedoch oft erst nach dem Rückbau feststellen, da während des Rückbaus und des Transports Schäden entstehen können. Die Arbeitsabläufe der Bauteilbörsen erlauben es, eine konstante Qualität sicherzustellen und gewisse Garantien abzugeben.

Zeitliche Dimension:

Stark schwankende Rückbau- und Einbauzeitpläne erzeugen ein Spannungsfeld. So berechnen die Bauteilbörsen ca. 6 Monate Toleranz zwischen Rückbau und Einbau. RE-WIN kommuniziert gegenüber den Empfänger:innen eine Toleranz von ungefähr 2 Monaten. Erfahrungsgemäss können sich bei grösseren Objekten aber schnell Rückbauverzögerungen von 0.5 bis 1.5 Jahren ergeben. Die RE-USE-Höfe nehmen hier eine relevante Rolle in der Sicherstellung von zuverlässigen Bauabläufen und konstanten Materialflüssen ein.

Systemintegration:

Die Materialrückgewinnung und der Vertrieb sollten ineinandergreifen. RE-WIN und die Bauteilbörse Basel pilotieren ein gemeinsames Materialnetzwerk, um Verfügbarkeit und Vertriebswahrscheinlichkeit aufeinander abzustimmen und zu steigern. Somit wird der RE-USE-Hof zum "Ernter und Sammler" und RE-WIN zum "Fabrikanten" und die Bauteilbörse zum "Händler". Die Rolle von RE-WIN und der Bauteilbörse soll langfristig in die Wirtschaft übergeben werden, in der Fensterbauer:innen die Fenster vom RE-USE-Hof beziehen, Aufbereitung und Vertrieb übernehmen und so zum einen in ihrem Fach bleiben können und zum anderen Zugang zu regionalen Materialnetzwerken erhalten.

INTERVIEW

Ayra Tica - Bauteilbörse Overall

Geführt von Felix Dillmann - (aus dem Schweizerdeutsch übersetzt)
Ort: St. Johannsvorstadt, 21.10.24

Überblick über das Gespräch:

Für unser Projekt RE-USE Höfe möchten wir die Rolle von Zwischenlagern in zirkulären Materialnetzwerken und Lieferketten untersuchen. Du bist Mitarbeiter der Bauteilbörse Overall Basel und ausgebildeter Architekt. Dort bist du zurzeit dafür verantwortlich die Wiederverwendung in der Skalierbarkeit zu entwickeln. Dabei bist du nicht nur viel auf Baustellen unterwegs, um Bauteile zu finden, sondern diese auch wieder in den Umlauf zu bringen. Dazu betreust du diverse Architekturprojekte, die mit Anfragen auf euch zu kommen. Dabei hast du viele Erfahrungen gemacht über den Vertrieb von Bauteilen und die Rolle von Vertriebsnetzwerken für die Bauteilwiederverwendung. Darüber mit Hintergrund deiner beruflichen Erfahrungen würde ich gerne heute mit dir sprechen.

Dafür habe ich 3 Teile vorbereitet: 1. Organisation und Infrastruktur, 2. Betrieb und Erfahrungen 3. Zukunft der Wiederverwendung

Teil 1: Organisation

1. Könntest du uns beschreiben, wie ihr aktuell eure Funktion in der Bauteilwiederverwendung seht? Wie seid ihr organisiert, was ist euer Ziel? (Wie läuft der tägliche Betrieb?)

at:
Vielleicht fange ich mit den Architekturprojekten an. Wenn Anfragen gestellt werden, überprüfe ich, ob wir gewisse Materialien überhaupt an Lager haben. Das geht aber auch über die Sandartmaterialien hinaus, die wir ohnehin auf Lager sammeln und wir gezielt dafür Bauteile finden können. Gerade auch in der Anfangsphase des Zirkulären Bauens, wo wir noch sehr selektiv sein müssen und normalerweise nur das Sammeln können, das sicher weggeht, soll das auch aktiv weiterentwickelt werden und neue Materialien zum Standard zu machen. Damit wollen wir auch die Möglichkeit entwickeln nicht nur Standardarmaturen wie Einrichtungen, Sanitär, Parkettböden

etc. wiederzuverwenden, sondern auch explizit auf kreative Architekturprojekte reagieren und ihnen das Zusammenzufinden, das nicht nur herkömmlich ist. Wir sind aber auch an einem Punkt, wo auch wir beschränkte Kapazitäten haben, der Markt noch klein ist und wir noch fokussiert arbeiten müssen.

Teil 2: Materialnetzwerk

2. Mit welchen Akteuren setzt ihr euch da am meisten auseinander? Bezogen auf Beschaffung? Bezogen auf Vertrieb?

at:
Das sind wir immer mehr am Aufbauen und wollen Pilotprojekte fördern mit Bauteilen, die wir nicht von allein vertreiben können. Dazu gehen wir aktiv auf Handwerker, bewerben die Materialien. Beispielsweise hatten wir sehr viele und gute Ziegel erhalten, die in dieser Form nicht mehr produziert werden. Damit haben wir diese Ziegel Dachdeckern angeboten, da wir davon ausgingen, da die ohnehin das Material ankaufen müssten. Gerade mit diesen speziellen Ziegeln waren geschützte Objekte darauf angewiesen. So sind wir daran allmählich ein Netzwerk mit Handwerker aufzubauen, die über das Angebot zu informieren sind und bei uns Materialien beziehen können. Wir haben aber auch schon einige Jahre Erfahrung mit dem Bedarf der Materialien und bringen so in der Regel das meisten in den Umlauf, was wir auch ausbauen. Immer wenn wir grössere Objekte haben, gehen wir auf grosse Architekturbüros, Zirkular und ähnliche zu, damit sie mit den Materialien anfangen können zu planen. Dieser Prozess fängt schon vor dem Rückbau an. Wir tasten im Netzwerk ab, ob Bedarf da sein könnte für gewisse Materialien. Dies sowohl für spezifische Materialien als auch genereller. Wir können nicht einfach 10'000m2 abgehängte Decken annehmen, da zurzeit noch sehr wenige Büros wiederverwendete Materialien einplanen. Da die verfügbaren Projekte mehrjährige Prozesse haben, müssen auch wir etwas mit denen mitgehen und die Materialien entsprechen anbieten. Ansonsten wenn wir im-

mer alles Sammeln stossen unsere Kapazitäten schnell an Grenzen. Klar, wenn der Markt läuft, dann laufen auch gleichzeitig genug Projekte, damit wir genug Kunden für die verschiedenen Materialien finden.

fd:
Wenn ich das richtig verstehe, verfolgt ihr somit die Strategie möglichst viele Projekte zu kennen, um die verfügbaren Materialien schnell zuordnen zu können und euer Risiko somit möglichst kleinzuhalten.

3. Was waren deine wichtigsten Beobachtungen, Erkenntnisse und Herausforderungen bezüglich der Schnittstellen mit Bauteilminen und der Käufer?
  (Gibt es spezifische Trends oder Herausforderungen, die du erkannt hast?)

at:
Das schwierigste ist die Leute zu überzeugen, dass unser Material gut ist und sie es einplanen sollen. Es ist sehr viel Motivation da, wenn es um den Rückbau geht und darum das Material abzugeben. Aber es ist noch sehr viel Zurückhaltung kreativ mit dem Material umzugehen und es einzuplanen. Dafür müssen sie ihre Komfortzone der bekannten Prozesse zurzeit noch etwas verlassen. Gerade auch was das Risiko betrifft. Wiederverwendung ist nicht zwingend günstiger, aber es hat noch mehr Unbekannte wie Beispielsweise, dass ein Bauteil mal nicht passt, oder unvorhergesehene Schwierigkeiten erscheinen beim Rückbau. Wir arbeiten nicht mit fabrikneuen Teilen, wo alle Daten verfügbar sind. Teilweise müssen wir mit Bauteilen planen, die noch ausgebaut werden müssen und vieles ist erst danach sichtbar. Teilweise, wenn dann beim Rückbau etwas beschädigt wird, was eingeplant war, kann das auch nicht Fabrik neu nachgebaut werden, gewisse Elemente bekommt man nicht mehr.

fd:
Wie reagiert ihr auf diese Herausforderung?

at:
Wir als Bauteilbörse können Arbeitsabläufe und Standards definieren, um Risiken zu minimieren. Wir haben viel Erfahrung damit wie mit Bauteilen umzugehen ist, oder was eingeplant werden muss. Wir sind spezialisiert auf das und können

schon eine konstante und zuverlässige Anlaufstelle sein und Arbeit anbieten, die klassische Bauunternehmungen nicht können. Wir haben auch standardisierte Aufbereitungsprozesse und testverfahren, die eine Konstante Qualität ermöglichen und uns erlauben gewisse Garantien abzugeben.*

at:
Was man nicht vergessen darf, ist, dass man bei uns auch unter Marktwert beispielsweise Gräte kaufen kann. Aber es sind dennoch gebrauchte Bauteile und nachdem unterschiedliche Risiken verbunden. Aktuell können wir nicht mehr garantieren, da wir es doch deutlich günstiger anbieten. Das wird aber auch zukünftig ein Thema sein und wäre auch spannend, dass wir verstehen zu beginnen, wie sich die Preise zusammensetzen, wenn wir mehr garantieren würden. Dann wäre es vielleicht nicht mehr viel günstiger dafür wäre mehr Sicherheit.

4. Was waren deine wichtigsten Beobachtungen und Erkenntnisse während des Betriebs?
  (Gibt es spezifische Trends oder Herausforderungen, die du erkannt hast?)

at:
In den letzten Jahren wurde das Zirkuläre Bauen aber sehr viel Populärer, die Bauteilbörse Basel hat sich auch einen Namen gemacht, dass wir Materialien Ausbauen, Einlagern und einen Service anbieten können, der sehr gut funktioniert. Jetzt sind wir an einem Punkt, bei dem wir mit Bauteilen überflutet werden und wir mehr Abbruchbaustellen Anfragen erhalten als wir verarbeiten können. Wir müssten unsere Lager vergrössern, weil es so viel Material gibt. Beim Planen und beim Bauen stockt es aber noch. Die Leute wollen bereits ihr Material loswerden, aber sie sind noch zurückhaltend, die wiederverwendeten Bauteile wieder einzuplanen. Das heisst, wir müssen noch eine Selektion treffen und auf die Architekturbüros reagieren, wo sie sich wohlfühlen, bereits damit zu arbeiten.

fd:
Könntest du das an einem Beispiel beschreiben?

at:
Ein gutes Beispiel der letzten Monate sind Heizkörper. Früher haben wir grossflächig Heizkörper Rückgebaut, Teststationen eingerichtet etc. Seit

etwa 5 Jahren haben wir aber festgestellt, dass Heizkörper nicht mehr wiederverwendet werden. Wir wurden sie nicht los, keiner hatte Interesse. Jetzt kommt aber auf einmal das Thema wieder und wir haben mehrere grosse Anfragen dafür. Wir haben nun die Pläne und können mit diesen Massen Heizkörper ausbauen, die schon eingeplant sind und sitzen nicht auf 100 weiteren Heizkörpern, die wir nicht vermitteln können.

fd:
Also wenn ich das richtig verstehe, geht ihr basierend auf Anfragen aktiv Ausbauen und Sammeln.

at:
Nein, grundsätzlich haben wir ja unseren Laden. Dort sammeln wir ohnehin Standardapparaturen und vertreiben diese. Dies ist bei Handwerkern bereits sehr populär. Oft sind dies jedoch Fertigbauteile, die wiederum einfach sind, wieder einzuplanen. Da braucht es nicht viel Planung. Um auf diesem Aufzubauen und die Wiederverwendung weiterzutreiben, kommen die Anfragen dann eben auf uns zu.

Teil 2: Betrieb und Erfahrungen

5. Ihr betreibt auch selbst Lager. Wie sind die organisiert und welche Funktion erfüllen sie für euch?

at:
In unseren Lagern, inkl. Verkaufsfläche unterscheiden wir zwischen geprüften und gereinigten Bauteilen, die bereit für die Baustelle sind, ankommende Bauteile, die noch durch die Verarbeitung müssen und verkaufte Bauteile, die aber noch gelagert werden. Also Bauteile, die eingeplant sind, aber beispielsweise erst in einem halben Jahr eingebaut werden. Das ist dann im Verkaufspreis auch bereits eingerechnet.

6. Wer waren die Hauptakteure, mit denen du am meisten interagiert hast? Kannst du einige Einblicke oder Erfahrungen darüber teilen? (Arbeitest du hauptsächlich mit Bauherren, Entsorgungsunternehmen oder anderen Fachleuten zusammen?)

at:
Es sind oft bestimmte Architekturbüros, die mit ihren Bauprojekten auf uns zukommen und

nahe mit uns zusammenarbeiten. Oft kommen Sanitärunternehmen zu uns, die Installationen ankaufen und als Expert:innen beurteilen können, ob ein Bauteil, das älter ist, ein Nachteil gegenüber einem neu fabrizierten hat. Weil es bei uns günstiger ist, sehen die oft auch einen wirtschaftlichen Vorteil.

fd:
Das ist ein spannender Fall. Wisst ihr, wie sie es den Kunden, denen sie die Installationen montieren kommunizieren?

at:
Nein, aber das können wir mal herausfinden. Aber sanitär sind unsere bekannten Objekte. Dann kommen aber auch viele Privatpersonen und Heimwerker. Was wir überraschenderweise bereits zweimal hatten, sind Non-Profits, die Container füllten und die ins Ausland verschickten. Ich nehme an, dass die Qualität der Grund war, dass es sich lohnte die bei uns zu holen.

7. Ein kleiner Exkurs zu euren Mitarbeitern im Rückbau und der Lagerbewirtschaftung. Was muss eine Person mitbringen, die bei euch im Rückbau div. Materialien mitarbeitet?

at:
Ich glaube am wichtigsten ist Kreativität im Handwerk. Jedes Bauteil ist wieder etwas anders eingebaut. Vielfach sind Pläne vom Einbau nicht verfügbar und man weiss nicht genau was einem erwartet. Es kann auch sein, das Teile verschraubt, verschweisst oder verklebt wurden, die üblicherweise so nicht eingebaut worden wären. Darauf muss man reagieren können. Wir reden über mehr als 100 Jahre Baukultur, in der sich Technik und Material verändert haben. Dazu finde ich sehr wichtig, dass man Lustvoll sein muss. Es ist immer wieder etwas Neues und man ist gefordert immer wieder von Neuem zu entdecken, wie es am besten geht. Da muss man auch bereit sein Mal etwas kaputtzumachen, um zu sehen, wie es eingebaut ist. Ich glaube auch, dass es das ist, was uns ausmacht. Wir haben Leute, die bereit sind vor einem neuen Problem zu stehen und es als Chance zu sehen, etwas Neues zu lernen.

8. Zeitliche Dimension
Wir bewegen uns im Spannungsfeld zwischen Angebot und Nachfrage. Rückbauobjekte

verzögern sich und Abnehmer möchten die Materialien termingerecht und verlässlich bestellen können. Wie positioniert ihr euch darin und was hat das für einen Einfluss auf eure Arbeit?

Wenn wir Bauteile direkt vermitteln, dann müssen wir ein halbes Jahr dazwischen Rechnen. Das sind auch bei uns längere Prozesse. Die nachgefragten Objekte sammeln auch wir über mehrere Monate. Da müssen auch wir einige Toleranzen und Spielräume für Verzögerungen einrechnen. Was unsere Stärke ist, ist, dass wir inhouse ein Handwerksteam haben und wir selbstständig Rückbauen. Da müssen wir oft nicht an Rückbauzeitpläne halten. Viele Objekte im Innenraum können abgebrochen werden vor der Abbruchfreigabe. Auch wenn es von der Abbruchplanung Verzögerungen gibt, beeinflusst uns das nicht und wir können flexibel planen. Das geht dann natürlich nicht bei strukturellen Bauteilen.

Teil 3: Zukunft der Wiederverwendung von Bauteilen

9. Wie stellst du dir die Zukunft der Wiederverwendung von Bauteilen in der Schweiz vor?
  Was könnte helfen, den Prozess weiter zu skalieren oder Materialien einfacher verfügbar zu machen?

at:
Ich denke, mein Idealbild ist, dass es einfach und verständlich wird. Dass wir Standards umsetzen, wie Bauteile aufgenommen werden, gemessen werden und wie über die Bauteile geredet wird. Das ist wichtig, dass der verschiedene Akteur: innen einfach mitmachen können. Damit stelle ich mir auch einen dynamischen Markt vor mit den verschiedenen Akteuren der Bauwirtschaft, die ineinandergreifen, wie es die Linearwirtschaft macht. Ich wünsche mir nicht eine zentrale Organisation oder Hierarchie, sondern, dass alle Handwerksunternehmen, Architekt: innen in das Zirkuläre Netzwerk einspeisen und wieder beziehen können. Dazu sollen nicht alle einzeln Sammeln und Vertreiben, sondern Netzwerke entstehen, wo Materialien auch wieder in die Lieferketten eingespeist werden, zu Herstellern gelangen, die Expertise haben für ein Baumaterial und damit die Kreisläufe schliessen können. Dafür benötigen wir eine gemeinsame Sprache und ggf. braucht es zentralere Fachstellen, die Abläufe und Prozesse definieren können. Cirkla hat hier Vorarbeit geleistet.

Offene Frage:

10. Gibt es noch etwas, das du gerne zu diesem Thema hinzufügen möchtest? Vielleicht Aspekte, die bisher nicht angesprochen wurden, aber dir wichtig sind?
  (Gibt es etwas, das du als besonders wichtig für die Weiterentwicklung der Branche oder RE-WIN siehst?)

at:
Nein.

10. Wenn du etwas definieren könntest mit einer Forderung. Was würdest du fordern und von wem?

at:
Ich glaube zwei Dinge. 1. Eine gemeinsame Plattform. Und 2. Lagerflächen! Die Plattform gibt es langsam schon mit Cirkla. Die sollte nicht infrage gestellt werden, sondern unterstützt werden und für Lagerflächen ist schwierig. Ich bin mir nicht sicher, wer der richtige Akteur wäre. Wer sitzt auf viel Fläche und ist in einer verändernden Industrieposition?

Abschluss:

Ich glaube hier schliessen wir den Kreis wieder zu unserem Projekt mit den Wiederverwendungshöfen. Vielen Dank, für deine Zeit und für das Teilen deiner wertvollen Einsichten. Ich denke, dass deine Erfahrungen und Beobachtungen einen wichtigen Beitrag für unser RE-USE Höfe Projekt leisten werden.

STALDER
TIEFBAU
STALDER
TIEFBAU
STALDER
TIEFBAU

 # WIRTSCHAFTLICHKEIT

In diesem Kapitel wird keine vollständige Kostenkalkulation zur Wiederverwendung von Fenstern vorgenommen. So ist der sorgfältige Ausbau mangels vergleichbarer Daten und Kostentransparenz von Unternehmern nicht inkludiert. Dieser variiert je nach Einbauart und Bauvorhaben stark.

Es werden ausschliesslich funktionstüchtige Fenster gesammelt, die keinen oder nur minimalen Reparaturbedarf aufweisen.
Der Vergleich bezieht sich auf den Aufwand ab dem Moment des sorgfältig rückgebauten Fensters, bevor dieses zur Entsorgung in Mulden bzw. auf Paletten verladen wird, und vergleicht die dabei entstehenden Kosten mit den üblichen Entsorgungskosten. Die Bereitstellung erfordert, dass die Fenster grob gereinigt und aufbereitet werden. Nach dem Wiedereinbau oder sobald eine Abnahme sichergestellt ist, werden die Fenster sorgfältig gereinigt, bevor sie an den Empfänger übergeben werden.

Im Zeitraum zwischen Juli und Ende Oktober wurden alle Fenster, die im RE-USE-Hof bei Stalder Tiefbau gesammelt wurden, dokumentiert. Es ist zu berücksichtigen, dass Stalder Tiefbau zuvor über keine Erfahrungen in diesem Bereich verfügt hat und sich die Werte daher weiter optimieren lassen. 171 dokumentierte Fenstern stellen eine relativ kleine Stichprobe dar, allerdings entspricht diese den allgemeinen Erfahrungswerten von RE-WIN. Massgebend für die Prüfung und Aufbereitung von Fenstern zur Wiederverwendung sind in diesem Fall die Anforderungen an die Wiederverwendung in der Ukraine. Darüber hinaus belaufen sich die Mietkosten für die derzeit genutzte Lagerhalle auf 75.- CHF/m^2 im Jahr, was unverhältnismässig hoch ist. Eine vergleichbare Fläche, wie etwa eine Zelthalle auf dem Gelände von Stalder Tiefbau, würde ca. 30.- CHF/m^2 im Jahr kosten.

Variable Kosten						Total	Total/Fenster	Einlagern	Einlagern / Fenster	Transport	Transport / Fenster	Notiz	Total Entsorgung	Total Entsorgung
L228_FL_LU_2409	3931	3929												
Fenster 9	16.10.24 148.75 CHF Palettieren	04.10.24 79.50 CHF Palettieren				228.25 CHF	25.36 CHF	228.25 CHF	25.36 CHF	0.00 CHF	0.00 CHF	Fenster wurden zerlegt angeliefert	232.20 CHF	25.80 CHF
L222_FL_LU_2406_B	3926	169319	3929											
Fenster 28	16.08.24 57.50 CHF Einlagern	16.08.24 500.00 CHF Tranport	04.10.24 79.50 CHF Palettieren			637.00 CHF	22.75 CHF	137.00 CHF	4.89 CHF	500.00 CHF	17.86 CHF	Fenster wurden palettiert abgeholt	1'342.80 CHF	32.94 CHF
L207_FL_LU_2403_W	3925	3929												
Fenster 14	05.07.24 86.25 CHF Einlagern	04.10.24 79.50 CHF Palettieren				165.75 CHF	11.84 CHF	165.75 CHF	11.84 CHF	0.00 CHF	0.00 CHF	Fenster wurden einzeln angeliefert	361.20 CHF	25.80 CHF
L234_FL_LU_2409_AS	3929													
Fenster 16	04.10.24 159.00 CHF Palettieren					159.00 CHF	9.94 CHF	159.00 CHF	9.94 CHF	0.00 CHF	0.00 CHF	Fenster wurden einzeln angeliefert	402.48 CHF	25.16 CHF
P70_F_2408_F	3927	133499	3928	128548	3930									
Fenster 104	23.08.24 57.50 CHF Einlagern	23.08.24 652.40 CHF Transport	27.09.24 172.50 CHF Einlagern	27.09.24 950.00 CHF Transport	10.10.24 80.00 CHF Beschriften	1'912.40 CHF	18.39 CHF	310.00 CHF	2.98 CHF	1'602.40 CHF	15.41 CHF	Fenster wurden palettiert abgeholt	5'174.20 CHF	49.75 CHF

Auszug - Kostenzusammenstellung Aufwände RE-USE Hof Schüpfheim Stalder

Die Tabelle zeigt fünf dokumentierte Projekte, die im RE-USE-Hof Stalder Tiefbau erfasst wurden, und eine transparente Aufstellung der Aufwände des RE-USE-Hofes im Vergleich zu den Entsorgungskosten. Es ist zu bemerken, dass die Aufwände bauseits nicht bekannt waren und nicht beachtet wurden. Das umfasst teilweise den Transport zur Entsorgungsstelle und Palettieraufwände.

Die Abbildungen auf der folgenden Seite stellen bereinigte Durchschnittswerte der Erfahrungen aus dem RE-USE-Hof dar, um den Aufwand für die Wiederverwendung mit jenem für das Recycling zu vergleichen. Unterschieden wird dabei zwischen zwei Fenstertypen: einem durchschnittlichen Wohnhausfenster (1,4 m x 1,6 m) und einem grossformatigen Fenster, das üblicherweise in Büro- oder Wohnhäusern verwendet wird (2,5 m x 1,6 m).
Ein wesentlicher Unterschied bei den Entsorgungskosten ergibt sich aus den Konditionen grosser Baustellen, die häufig von besonders günstigen Entsorgungspreisen profitieren, im Gegensatz zu kleineren und mittleren Projekten, bei denen normale Entsorgungskosten anfallen.

Der Kostenvergleich zeigt, dass die Aufwände des RE-USE-Hofs für die Annahme, Prüfung und Bereitstellung, inklusive Abtransport von der Baustelle gegenüber den Entsorgungskosten wirtschaftlich tragbar sind, sofern das Fenster sorgfältig rückgebaut wird und eine Weiterverwendung findet. Standardfenster von Grossbaustellen bilden hierbei eine Ausnahme, da hier der Aufwand in Relation zum Gewicht höher ist als bei grossformatigen Fenstern. Generell lässt sich ableiten, dass grössere und schwerere Fenster eine höhere Wirtschaftlichkeit aufweisen. Die Berechnungen basieren auf doppeltverglasten Fenstern, wobei dreifachverglaste Fenster durch ihr höheres Gewicht höhere Entsorgungskosten verursachen würden, ohne höhere Aufwände für die Wiederverwendung zu haben.
Diese Erkenntnisse eröffnen Potenzial für gezielte Rabatte, die Bauherren als Anreiz für den sorgfältigen Rückbau und die gewissenhafte Palettierung angeboten werden könnten, um den Mehraufwand wirtschaftlich attraktiv zu gestalten.

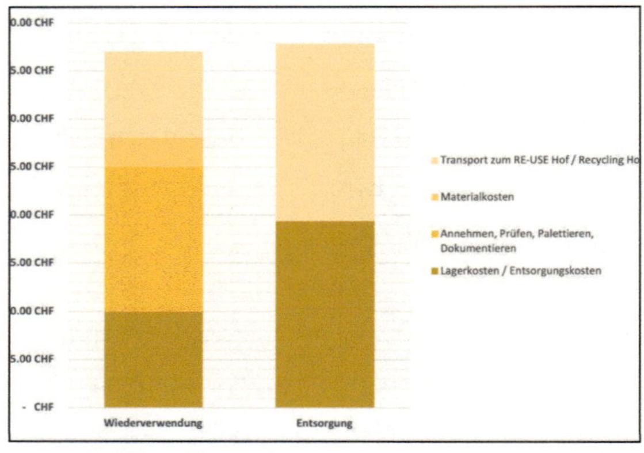

Standardfenster Entsorgung durch Fensterbauer

Kostenposition	Wiederverwendung	Entsorgung
Lagerkosten / Entsorgungskosten	10.00 CHF	19.35 CHF
Annehmen, Prüfen, Palettieren, Dokumentieren	15.00 CHF	
Materialkosten	3.00 CHF	
Transport zum RE-USE Hof / Recycling Hof	9.06 CHF	18.50 CHF
Total	**37.06 CHF**	**37.85 CHF**

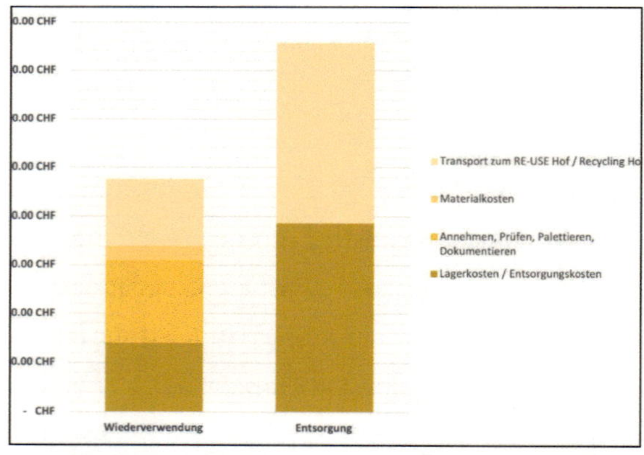

Grossformat Entsorgung durch Fensterbauer

Kostenposition	Wiederverwendung	Entsorgung
Lagerkosten / Entsorgungskosten	14.00 CHF	38.70 CHF
Annehmen, Prüfen, Palettieren, Dokumentieren	17.00 CHF	
Materialkosten	3.00 CHF	
Transport zum RE-USE Hof / Recycling Hof	13.59 CHF	37.00 CHF
Total	**47.59 CHF**	**75.70 CHF**

Grossformat 2.5*1.6 = 100kg
Fenster / Transport RE-USE = 48 Stk
Fenster / Transport Entsorgung = 20 Stk

Standardfenster 1.4*1.8 = 50kg
Fenster / Transport Wiederverwendung = 72 Fenster
Fenster / Transport Entsorgung Grossmulde = 40 Stk

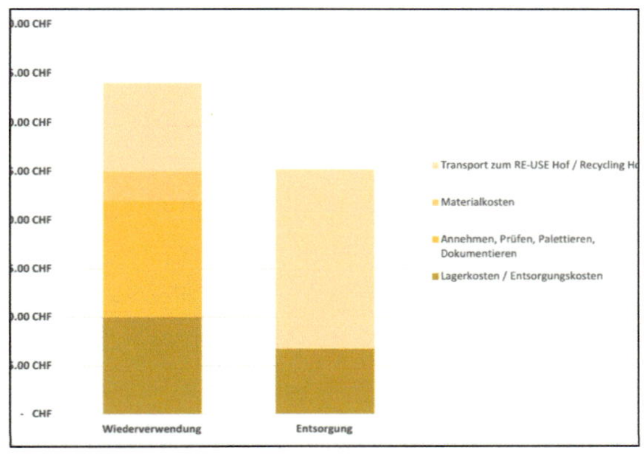

Standardfenster Grossbaustelle

Kostenposition	Wiederverwendung	Entsorgung
Lagerkosten / Entsorgungskosten	10.00 CHF	6.75 CHF
Annehmen, Prüfen, Palettieren, Dokumentieren	12.00 CHF	
Materialkosten	3.00 CHF	
Transport zum RE-USE Hof / Recycling Hof	9.06 CHF	18.50 CHF
Total	**34.06 CHF**	**25.25 CHF**

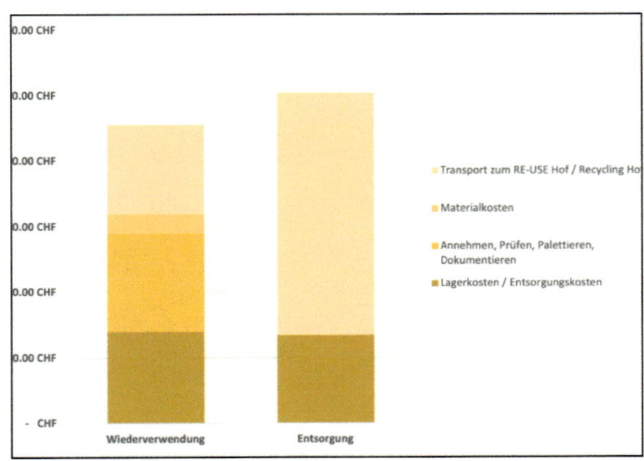

Grossformat Grossbaustelle

Kostenposition	Wiederverwendung	Entsorgung
Lagerkosten / Entsorgungskosten	14.00 CHF	13.50 CHF
Annehmen, Prüfen, Palettieren, Dokumentieren	15.00 CHF	
Materialkosten	3.00 CHF	
Transport zum RE-USE Hof / Recycling Hof	13.59 CHF	37.00 CHF
Total	**45.59 CHF**	**50.50 CHF**

Entsorgungskosten Fensterbauer = 430 / Tonne abzgl. 10% Treuerabatt
Entsorgungskosten Grossbaustelle = CHF 135 / Tonne

Ø Lagerkosten = 12 Monate * CHF 600.00 Monatsmiete / 600 Fenster pro Jahr = 12.- / F
> Lagerdauer pro Fenster = 3 Monate

3 FAZIT

Das Projekt verfolgte das Ziel, den Betrieb von RE-USE Höfe, die an bestehende Recyclinghöfe angebunden und in zirkuläre Materialnetzwerke integriert sind, zu erproben. Hierfür wurden Datenstrukturen entwickelt, um die Mindestanforderungen für die Erfassung und Bereitstellung von Materialien zu definieren, sodass eine effiziente Wiederverwendung gewährleistet werden kann.

Partnersuche

Die Suche nach geeigneten Partnern gestaltete sich unterschiedlich: Während einige Recyclinghöfe grosses Interesse zeigten, verliefen andere Anfragen weniger erfolgreich.

Städtische Partner:

Ein grosser Partner sagte ohne Angabe von Gründen ab, während ein weiterer zwar Interesse zeigte, jedoch zu langsam reagierte. Die Firma Eberhard war offen für die Idee, jedoch konnten innerhalb der kurzen Projektlaufzeit keine geeigneten Projekte realisiert werden.

Ländliche Partner:

Einer der kleineren Partner hatte einen Interessenskonflikt, während Stalder Tiefbau grosses Engagement und Offenheit zeigte.

Die Zusammenarbeit mit Stalder Tiefbau lieferte wertvolle Praxiserfahrungen, auch wenn quantitative Ergebnisse erst in einer verlängerten Laufzeit und mit einer breiteren Partnerbasis erzielt werden könnten.

Materialverfügbarkeit

Fenster werden zumeist massgefertigt, dennoch lassen sich wiederkehrende Grössen und Eigenschaften feststellen, die auf typische Bautypologien (1920–1960) zurückzuführen sind. Dies ermöglicht eine Standardisierung und die statistische Ableitung von Verfügbarkeitswahrscheinlichkeiten, was die Planung von Bauprojekten mit RE-USE-Materialien erleichtern kann.

Zugang zum Material

Abbruchunternehmen und Recyclinghöfe, als direkte Quellen von Baumaterialien, spielen eine Schlüsselrolle bei der Förderung von Wiederverwendung. Ihr Geschäftsmodell der Materialrückgewinnung ermöglicht eine nahtlose Integration von RE-USE in Kostenkalkulationen und Abwägungen zwischen Entsorgung und Wiederverwendung.

Dezentralisierung und Materialnetzwerke

Die regional begrenzten Transportdistanzen in der Baubranche sprechen für eine dezentrale Organisation von RE-USE Höfe. Recyclinghöfe sind durch ihre Vernetzung mit Planern, Herstellern und Handwerkern gut dazu geeignet, als regionale Knotenpunkte zu fungieren. Ziel ist es, viele kleinere RE-USE-Flächen zu etablieren, die bei wachsender Akzeptanz ausgebaut werden können. Gleichzeitig könnten zentralisierte Datenbanken die Materialverfügbarkeit transparenter machen und den Zugang erleichtern.

Infrastruktur

Die Annahme, dass Recyclinghöfe grosse Flächen für RE-USE bereitstellen könnten, liess sich nicht bestätigen. Allerdings ist der Quadratmeterpreis dort deutlich niedriger als in Industrieflächen, was die Mobilisierung vorhandener Flächen sinnvoll erscheinen lässt. Die bestehende Infrastruktur, einschliesslich Maschinenparks und Werkzeuge, ist gut geeignet, um Materialien effizient zu verarbeiten.

Logistik

Obwohl Abbruch- und Entsorgungsunternehmen nicht auf Palettentransporte ausgelegt sind, zeigten sie sich bei der Nutzung gemeinsamer Fahrzeugflotten flexibel. Ihre Expertise in der logistischen Planung grosser Baustellen stellt eine wertvolle Ressource dar.

Personalbedarf

Die Demontage und Einlagerung von Fenstern kann durch kurze Schulungen und Sensibilisierungsmassnahmen vermittelt werden. Mitarbeitende aus Abbruchunternehmen und Recyclinghöfen zeigten sich nach entsprechender Schulung kompetent. Die Herausforderung liegt vor allem in der Sensibilisierung für den sorgsamen Umgang mit Materialien und im Bedarf an Führungspersonal mit spezifischem Fachwissen.

Wirtschaftlichkeit

Die wirtschaftliche Rentabilität von Wiederverwendung gegenüber Entsorgung hängt von mehreren Faktoren ab:

Fenstergrösse: Grössere Fenster sind wirtschaftlich attraktiver für die Wiederverwendung, da der Aufwand für die Rückgewinnung langsamer als das relevante Entsorgungsgewicht steigt.

Rückbaubarkeit: Die Rückbaubarkeit der Fenster hat einen grossen Einfluss auf die Gesamtkosten.

Transporteffizienz: Sorgfältig palettierte Fenster sind kostengünstiger zu transportieren als lose Ladungen.

Entsorgungskosten: Die Entsorgungskosten variieren je nach Projektgrösse stark. Insbesondere bei privaten Entsorgungen oder kleinen Projekten machen die hohen Kosten RE-USE wirtschaftlich attraktiver. Grossbaustellen erhalten in der Regel sehr gute Entsorgungskonditionen, was zum Nachteil von RE-USE gereicht.

Die Verarbeitungsaufwände für RE-USE (Sortieren, Palettieren, Prüfen, Einlagern) sind insgesamt günstiger als die Entsorgung. RE-USE Höfe könnten somit durch niedrigere Entsorgungskosten Anreize für Abbruchunternehmen schaffen, um Fenster sorgfältig rückzugewinnen. Das ggf. entstehende Defizit gegenüber einfacher Entsorgung müsste folgend über Anreize zugunsten Entsorgungsunternehmern, gesteigerter Entsorgungskosten für Bauträgerschaften oder durch den Weiterverkauf der Materialien gedeckt werden. Für den Entsorgungsunternehmer bedeutet es allerdings ein finanzielles Risiko, Fenster rückzubauen und einzulagern, ohne eine Abnahme gesichert zu haben.

Fazit

Die Ergebnisse des Projekts RE-USE Höfe legen eine solide Grundlage für die Weiterentwicklung von RE-USE-Konzepten. Die dezentrale Organisation in Kombination mit zentralisierten Daten über Materialverfügbarkeiten, die stärkere Sensibilisierung der Akteure und die verbesserte logistische Integration bieten grosses Potenzial, um RE-USE zu einem festen Bestandteil nachhaltiger Bauwirtschaft zu machen.

4 AUSBLICK

Forschung

1. Aufbau von Datenbanken und Statistiken zu Abfallströmen und Materialqualitäten

Die Analyse von 1011 Fenstern (Kap. 1.4.3–1.4.5) liefert erste Anhaltspunkte für die Verfügbarkeit von Fenstertypen und -mengen in der Schweiz. Diese Erkenntnisse stellen eine wertvolle Grundlage für weiterführende Datenerhebungen bei Fensterherstellern und Rückbaustellen dar, mit dem Ziel, die Verfügbarkeit von wiederverwendbaren Fenstern besser prognostizieren und Planungsprozesse erleichtern zu können. Langfristig ist der Aufbau einer schweizweiten Datenbank anzustreben, die, aufbauend auf den Einbauorten und ursprünglichen Herstellern, die in Kap. 1.4.4 approximativ beschriebenen Kategorisierungen mit präzisen technischen Angaben verknüpft.

Wer: Universitäten, Fensterhersteller:innen, Branchenverbände, Anbieter von Pre-Demolition-Audits

2. Entwicklung von Technologien zur Bestimmung technischer Kennwerte

Die Bewertung von Fenstern nach Qualität und Zustand erfordert präzise technische Kennwerte. Technologien und mobile Analysemethoden zur Bestimmung des Fensteraufbaus oder des U-Werts sowie weitere technische Kennwerte sollen direkt auf Rückbaustellen eingesetzt werden können, um eine fundierte Vorauswahl der Fenster zu ermöglichen. Diese Massnahmen ergänzen die approximative Kategorisierung (Kap. 1.4.4) durch eine datenbasierte Triagierung.

Wer: Universitäten, Forschungseinrichtungen

Industrie

1. Implementierung von RE-USE Höfen in städtische und private Entsorgungslogistik

Zur Entwicklung dezentraler Materialnetzwerke sollen Recycling- und Abbruchunternehmen dabei unterstützt werden, RE-USE-Sammelstellen parallel zu bestehenden Recyclingprozessen zu etablieren.

Wer: Recycling- und Abbruchunternehmen, Branchenverbände, städtische Bauämter und Abfallämter

2. Gründung spezialisierter RE-USE-Fensterbaufirmen

Spezialisierte Unternehmen können wiedergewonnene Materialien entsprechend der Value-Hill-Strategie aufbereiten und marktgerecht anbieten. Durch gezielte Firmengründungen oder die Integration dieser Geschäftsmodelle in bestehende Herstellerstrukturen lässt sich der Kreislauf von Bauteilen effizient stärken.

Wer: Fensterbauer:innen, Montageunternehmen, Start-ups

3. Zusammenarbeit mit Planungsbüros zur Förderung der Nachfrage

Planungsbüros spielen eine Schlüsselrolle bei der Etablierung von Materialflüssen. Durch gezielte Sensibilisierung und Integration von RE-USE-Materialien in Bauprojekte lässt sich die Nachfrage steigern.

Wer: Branchenverband SIA, Fachverband Zirkuläres Bauen

Bildung

1. Ausbildung von Rückbaufachkräften und Integration in Abbruchunternehmen

Ein materialgerechter Rückbau erfordert gezielt ausgebildete Fachkräfte. Gleichzeitig können wiederverwendungsorientierte Geschäftsmodelle aufgrund ihres Dienstleistungscharakters den Fachkräftemangel und die Baukosten weiter steigern. Hierbei können bestehende Integrationsförderprogramme genutzt werden, um Arbeitskräfte zu mobilisieren und zu qualifizieren.

Wer: Berufsausbildungs- und Weiterbildungsprogramme, Programme zur Arbeitsmarktintegration

2. Schulung von Planern für kreislaufgerechten Rückbau

Planungs- und Baumanagementunternehmen benötigen spezielle Schulungen, um Potenziale für die Wiederverwendung frühzeitig zu erkennen und die Rückbauplanung und Ausschreibung gezielt darauf auszurichten.

Wer: Weiterbildungsprogramme für Planer, Fachschulungen für kreislaufgerechtes Baumanagement

Staat

1. Förderung des Business Cases für Wiederverwendung durch Anreize und steuerliche Massnahmen

Analog zur Etablierung des Recyclings durch gezielte Anreize sollten auch Wiederverwendungsprozesse durch steuerliche Vorteile und Fördermassnahmen unterstützt werden. Ein sorgfältiger Rückbau, der die Wiederverwendung von Baumaterialien ermöglicht, muss wirtschaftlich attraktiver gestaltet werden als der herkömmliche Abbruch und die Entsorgung. Dabei ist sicherzustellen, dass keine Rebound-Effekte entstehen, die zu einem übermässigen Abbruch allein im Interesse der Wiederverwendung führen.

Wer: Bund, Kantone, beratende Expertengremien, NGOs

2. Kreislaufgerechte Normen und angepasste Bewilligungsverfahren

Auch wenn in dieser Publikation nicht explizit darauf eingegangen wird, können prozessorientierte und gegebenenfalls mehrstufige Bewilligungsverfahren sowie angepasste Normen für zirkuläre Materialien die Wiederverwendung erleichtern. Die zeitliche Spanne zwischen Baubewilligungen und Materialbereitstellung kann durch optimierte Verfahren minimiert werden.

Wer: SIA, kommunale Behörden, Bauaufsicht, Nachhaltigkeits- und Umweltbehörden

3. Förderung von Ökosystemen zur Etablierung und Skalierung von RE-USE-Unternehmen

Die Baubranche, geprägt von KMUs, benötigt Unterstützung bei der Gründung und Skalierung von RE-USE-Unternehmen. Dabei soll weniger die technische «Innovation» als die Schaffung und Förderung regionaler Netzwerke gefördert werden. Überdies stärkt die gezielte Ansiedlung entsprechender Unternehmen den Wiederverwendungsmarkt.

Wer: Kommunale Behörden, regionale Wirtschaftsverbände, Investitionsförderprogramme

Fazit

Die Umsetzung dieser Massnahmen in Forschung, Industrie, Bildung und staatlicher Förderung schafft die Grundlage für ein effektives RE-USE-Ökosystem und offeriert zudem eine tragfähige und nachhaltige Alternative zur herkömmlichen Bau- und Entsorgungswirtschaft.

DANK

Wir möchten uns herzlich bei allen bedanken, die zur Initiative „Fenster für die Ukraine" beigetragen haben. Dank der Unterstützung durch Fensterspenden, finanzielle Beiträge, freiwilliges Engagement, Fachwissen, Lagerflächen, Werkzeuge, Dienstleistungen, wissenschaftliche Begleitung und unermüdlichen Einsatz war es möglich, die betroffenen Menschen in der Ukraine mit über 6200 dringend benötigten Fenstern zu versorgen. Gleichzeitig konnten wir wertvolle Erfahrungen für die Weiterentwicklung einer nachhaltigen Bauwende sammeln und festhalten.

Dieses beeindruckende Zusammenspiel von Engagement und Expertise, unterschiedichen Generation sowie Gemeinwohl- und Marktwirtschaft zeigt, wie wirkungsvoll Zusammenarbeit sein kann – sowohl für die direkte Unterstützung von Menschen als auch für die Förderung nachhaltiger Innovationen.

Viktoria Portmann (RE-WIN)

Bild: Uwe Schnetgöke (RE-WIN)

ÜBER DIE AUTOR:INNEN

FÉLIX DILLMANN - RE-WIN

Félix Dillmann absolvierte seinen Master in Architektur an der ETH Zürich sowie am MIT in Boston. Derzeit arbeitet Félix bei RE-WIN, einer gemeinnützigen Organisation, die sich für zirkuläre und nachhaltige Baupraktiken in der Schweiz und in Krisenregionen wie der Ukraine einsetzt. Zuletzt arbeitete er mit einer NPO in Nepal, um mit wiederverwendeten und lokalen Materialien Community-Architektur als sozio-ökonomische Motoren aufzubauen. Als Architekt mit Schwerpunkt in Urban Design begreift er die urbane Umgebung als einen Ort, um multidisziplinäre Praxis zu schaffen und Ressourcensysteme neu zu gestalten, um die Bauwirtschaft sozial-nachhaltig zu transformieren. Als Design Thinking Coach und Facilitator für die ETH Sustainability und ETH NADEL arbeitete er bei verschiedenen projektbasierten Kursen im In- und Ausland, um die SDG's transdisziplinär anzugehen und nachhaltige Innovation zu fördern.

MICHELLE SCHNEIDER - ZHAW

Michelle Schneider erwarb ihren Master in Architektur an der ZHAW, nachdem sie zuvor ihren Bachelor an der HEIA abgeschlossen hatte. Derzeit arbeitet sie als wissenschaftliche Mitarbeiterin am Institut Konstruktives Entwerfen der ZHAW, wo sie sich auf die Wiederverwendung von Fenstern und zirkuläres Bauen spezialisiert hat. In ihrer Rolle als Projektleiterin entwickelt und testet sie marktorientierte Lösungen zur Wiederverwendung von Schweizer Fensterflügeln. Aktuell arbeitet sie an der Gründung eines Start-ups mit dem Namen „Windows of Opportunities", das sich auf die Umsetzung ihrer ersten Prototypen konzentriert. Neben ihrer Tätigkeit an der ZHAW ist Michelle Schneider als zweisprachige freie Redakteurin für Espazium: Tracés und TEC21 tätig. Zuvor sammelte sie wertvolle Berufserfahrung als Architektin in verschiedenen Büros sowie als Redakteurin bei der Schweizer Baudokumentation.